알아두면 쓸모 있는 초등학생을 위한 과학 사전

아는 만큼 보이는 동물 500

글쓴이 클레어 히버트 | 옮긴이 오지현

다섯수레

Micro facts! 500 Fantastic Facts about Animals

Copyright © Arcturus Holdings Limited
www.arcturuspublishing.com
All rights reserved.

Korean translation copyright © 2023 Daseossure
License arranged through KOLEEN AGENCY, Korea.
All rights reserved.

이 책의 한국어판 저작권은 콜린 에이전시를 통해 저작권자와 독점 계약한
다섯수레에 있습니다. 저작권법에 의해 한국 내에서 보호를 받는 저작물이므로
무단 전재 및 복제를 금합니다.

목차

1 몸과 생김새 04
속이 텅 빈 새의 뼈, 개구리의 기이한 피부,
그리고 낙타의 혹에는 어떤 비밀이 있을까요?

2 서식지와 생활 54
우아! 방이 100개가 넘는 둥지가 있대요.
으악! 똥을 섞어서 만든 서식지가 있다고요?

3 움직임과 습성 104
가장 높이 뛰는 동물, 가장 빨리 나는 동물,
물 위를 뛰어다니는 동물을 알아보아요!

4 감각 기관과 의사소통 154
거울처럼 빛나는 눈, 별 모양의 코, 황소 같은 울음소리!
각각 어떤 동물들인지 궁금하지 않나요?

5 친구와 적 204
최고의 동물 친구는 누구일까요?
먹이 사슬의 제일 높은 곳에는 어떤 포식자가 있을까요?

6 새끼 동물과 보금자리 254
아빠가 임신을 하는 해마부터 절대 자라지 않는 해파리까지,
신비로운 동물의 세계를 파헤쳐 보아요!

용어 설명 302

1. 몸과 생김새

흰긴수염고래의 심장은 호랑이보다 무거워요

흰긴수염고래는 지구에서 가장 큰 덩치를 자랑하는 동물이에요.
몸길이가 33미터에 이르기도 하는데, 물속에서
줄지어 헤엄치는 스쿠버 다이버 18명만큼 긴 길이예요.

흰긴수염고래의 심장은 약 180킬로그램이에요.

크기만큼 엄청난 몸무게

흰긴수염고래는 무게가 180톤에 달해요.
아프리카코끼리 30마리의 무게와 같지요.
혀 무게만 해도 코끼리 1마리만큼
무거워요. 하지만 바닷물이 엄청난 무게를
받쳐 주고 있지요.

흰긴수염고래는 90살까지 살기도 해요.

울음소리가
188데시벨에 달하는
흰긴수염고래는 세상에서
제일 시끄러운 동물이에요.

각설탕보다도 가벼운 포유류

무게가 고작 1.8그램인 사비피그미땃쥐는
세계에서 제일 가벼운 포유류예요.
몸길이는 4센티미터랍니다!

숨 가쁜 삶

몸집이 작은 포유류는 심장이 빨리 뛰어요.
사비피그미땃쥐도 마찬가지여서
심장이 1분에 1,500번까지 뛰지요.
사람보다 20배 정도 빠른 속도예요.

작은 머리

뒤영벌박쥐는
사비피그미땃쥐보다
0.2그램 정도 더 무겁지만,
두개골은 약간 더 작아요.

욕심쟁이 대식가

사비피그미땃쥐는
매일 지렁이와 땅벌레를
자기 몸무게의 2배만큼
먹어 치워요.

타조는 머리를
모래 속에 숨기지 않아요

타조는 위험한 상대를 보면 머리만 모래 속에 숨겨
피한다고 알려져 있어요. 하지만 사실은 달라요.
타조는 위협받으면 숨는 대신 도망친답니다.

철퍼덕

만약 도망칠 곳이 없다면 타조는
땅에 철퍼덕 엎드려요. 타조의 머리와 목은
모래와 비슷한 색이라서 눈에 잘 띄지 않지만,
커다란 몸은 여전히 눈에 잘 띄어요!

더 커다란 새

500년 전에 멸종하기까지
마다가스카르섬에 살았던
에피오르니스는 타조보다
훨씬 큰 새로, 몸무게가
500킬로그램이나 나갔어요.

타조는
가장 큰 새로,
너무 무거워서 날지 못해요.
수컷 타조는 156킬로그램까지
큰답니다. 씨름 선수와
맞먹는 무게이지요.

벌만큼 작은 새

세상에서 제일 작은 새는 콩벌새예요.
몸길이가 겨우 5센티미터라 벌보다 그리 많이 크지 않아요.

붕붕거리는 날개

콩벌새는 1초에 약 80번씩 날갯짓을 해요. 사람 눈에는 보이지 않을 만큼 빠르지요. 수컷 콩벌새는 암컷을 유혹할 때 초당 200번까지 날갯짓을 하기도 한답니다.

콩벌새는 중앙아메리카 쿠바에 있는 습지와 삼림에 살아요.

부지런해요

벌새는 꿀과 곤충을 먹고 사는데, 하루에 1,500송이의 꽃을 찾아다니기도 해요.

호랑이는 대형 고양잇과 동물 가운데 제일 커요

지난 100년 동안 호랑이의 개체 수는 10만 마리에서 3,900마리 정도로 줄어들었어요.

대형 고양잇과 동물에는 사자, 호랑이, 표범, 재규어가 있어요. 그중 제일 무거운 동물은 호랑이로, 최대 몸무게가 370킬로그램까지 나가지요. 호랑이는 사자와 더불어 키도 제일 커요. 두 동물의 키는 약 1.2미터랍니다.

으르렁 울부짖기

대형 고양잇과 동물은 다른 소형 고양잇과 동물과 달리 울부짖으며 포효할 수 있어요. 치타는 포효하거나 발톱을 완전히 감출 수 없어서 따로 분류되어요.

학명

대형 고양잇과	Panthera
사자	Panthera leo
호랑이	Panthera tigris
표범	Panthera pardus
재규어	Panthera onca

서발은 농구 골대만큼 높이 점프해요

아프리카 사바나 초원에 사는 야생 고양잇과 동물인 서발은 귀가 크고 몸에 비해 다리가 길어요.

서발의 먹잇감

- ✓ 쥐
- ✓ 새
- ✓ 파충류
- ✓ 개구리
- ✓ 곤충
- ✓ 물고기
- ✓ 게

서발의 사냥법

서발은 큰 귀로 사냥감의 위치를 정확하게 짚어 낼 수 있어요. 또한 긴 다리로 3미터가량 껑충 뛰어올라 사냥감을 덮친 후 숨통을 끊어요.

긴 뒷다리

농게의 집게발은 거대해요

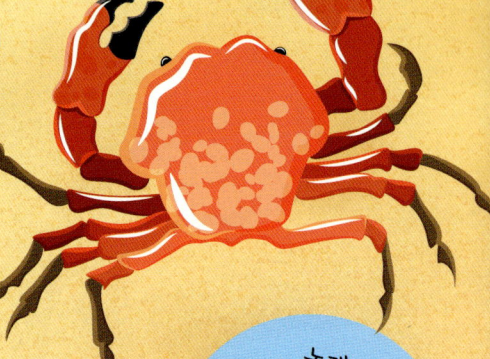

농게

정확히는 수컷의 한쪽 집게발만 크지요!
농게는 대개 5센티미터 이하로 작은데,
큰 집게발은 자기 몸보다도 커요.
수컷 농게는 이 집게발을 위아래로
흔들어 암컷 농게를 유혹한답니다.

다시 자라는 큰 집게발

태즈메이니아 자이언트 크랩

농게의 큰 집게발이 잘려 나가면
작은 집게발이 커지기 시작해 잘려 나간
큰 집게발 크기까지 자라난답니다.

농게의 몸 색깔은 낮 동안 검은빛을 띠다가 밤이 되면 희거나 누렇게 변해요.

거대한 게

게 가운데는 수컷의 한쪽 집게발이
유난히 커다란 종이 많아요.
수컷 태즈메이니아자이언트 크랩은
몸무게가 18킬로그램 정도 나가는데,
커다란 집게발이 대부분을 차지하지요.

거미원숭이는 팔이 다리보다 길어요

원숭이에게 나무는 가장 익숙하고 편한 공간이에요. 거미원숭이는 나무줄기를 움켜쥐고 공중 곡예를 하듯이 휙휙 날아다니기도 하지요. 이때 거미원숭이는 총 5개의 '팔다리'를 사용해요. 팔 2개, 다리 2개, 그리고 긴 꼬리예요.

함께 다녀요

거미원숭이는 30마리씩 무리 지어 살면서 약 6마리씩 더 작은 집단으로 어울려 다녀요. 함께 자고, 함께 먹이를 찾고, 또 함께 꽥꽥 소리친답니다!

거미 같은 팔다리

거미원숭이는 과일, 견과류, 나뭇잎, 새알, 거미를 먹고 살아요. 하지만 거미를 먹기 때문에 거미원숭이라는 이름이 붙여진 것은 아니에요. 거미원숭이의 팔다리가 거미 다리같이 얇고 길기 때문이지요.

놀라운 영장류

영장류에는 유인원, 원숭이, 여우원숭이, 안경원숭이, 로리스가 있어요.

멸종 위기 종인 황금사자타마린은 사자처럼 갈기를 가지고 있어요.

황금사자타마린

침팬지, 고릴라, 오랑우탄, 긴팔원숭이, 그리고 사람은 모두 유인원이에요! 유인원은 꼬리가 없어요.

침팬지

맨드릴

아프리카 열대 우림에 서식하는 맨드릴은 몸집이 제일 큰 원숭이예요. 수컷 맨드릴은 얼굴과 꽁무니 색이 화려해요.

인간과 침팬지의 유전자는 98퍼센트 이상 똑같아요. 침팬지는 우리와 가장 가까운 동물이지요.

오랑우탄은 유일하게 아시아에 서식하는 대형 유인원이에요. 주로 보르네오섬과 수마트라섬에 퍼져 살지요. 나무 위에 사는 포유류 중 몸집이 가장 커요.

코주부원숭이

오랑우탄

수컷 코주부원숭이는 코가 무척 커서 무려 10센티미터에 이르기도 해요!

매달리기 왕인 오랑우탄은 양팔을 벌린 팔 길이가 2미터에 달해요.

호랑꼬리여우원숭이

고릴라

호랑꼬리여우원숭이는 태어난 후 첫 2주 동안은 어미의 가슴 쪽에 매달려 있다가 등 위로 올라와 지내요.

고릴라는 몸집이 가장 큰 영장류예요. 대부분의 시간을 땅에서 보내지만 잠은 나무에 있는 둥지에서 자요.

곤충의 골격은 바깥쪽에 있어요

뼈는 몸 안쪽에서 우리 몸을 지탱해 줘요. 곤충은 뼈가 없는 대신 '외골격'이라는 딱딱한 겉껍질이 있어요.

점점 커지는 몸

곤충은 자라면서 몸집이 외골격보다 커져요. 하지만 문제없어요! 꼼지락꼼지락 움직여 오래된 외골격을 벗어 버리고 새로운 외골격을 갖추어 살지요.

곤충과 벌레

우리는 흔히 곤충을 벌레라고 부르지만 벌레는 정확한 분류는 아니에요. 노린재, 파리, 벌 같은 곤충은 다 자라면 3쌍의 다리와 3마디의 몸을 지녀요. 반면 비슷해 보이는 쥐며느리는 다리가 훨씬 많은 절지동물이지요.

무척추동물이 척추동물보다 많아요

동물은 크게 등뼈가 있는 척추동물과 등뼈가 없는 무척추동물로 나뉘어요. 지구상에 있는 동물의 97퍼센트 이상이 무척추동물이에요!

벌

거미

딱정벌레  달팽이

무척추동물 6부류

절지동물(곤충, 거미, 전갈, 지네)
자포동물(해파리, 산호, 말미잘)
극피동물(불가사리, 해삼, 성게)
연체동물(달팽이, 민달팽이, 오징어, 문어)
환형동물(개불, 지렁이, 거머리)
해면동물(목욕해면, 보라해면, 유리해면)

지네
진주담치
파리

나비

놀라운 절지동물

몸집이 제일 큰 절지동물은 양쪽 다리 사이 너비가 3.8미터인 키다리게예요. 절지동물은 땅, 민물, 그리고 바다에 사는데, 모두 다리에 마디가 있고 딱딱한 외골격을 갖추고 있어요.

불가사리
말미잘
문어

15

비단나비는
가장 큰 나비예요

수컷
골리앗비단나비

그중에서도 알렉산더비단나비가
가장 큰데, 양쪽 날개 폭이
최대 30센티미터로 커다란
접시에 간신히 들어맞을
정도이지요.

아름다운 날개

수컷 케언스비단나비

비단나비는 호랑나비과에 속해요.
호랑나비과 나비는 아름다운 날개
모양과 새처럼 우아한 비행으로 유명해요.
암컷은 칙칙한 갈색이지만 수컷은
화려한 색깔을 띤답니다.

멸종 위기

비단나비는 멸종 위기에 놓여
있어요. 나비 수집가들이 야생 비단나비를
너무 많이 포획했기 때문이지요.
비단나비가 주로 서식하는
동남아시아와 오스트레일리아의
열대 우림이 줄어들고 있어서
문제가 더욱 심각해지고 있어요.

암컷 알렉산더비단나비

앨버트로스는 날개가 제일 긴 동물이에요

앨버트로스가 날개를 펼치면 자동차만큼이나 길어요. 3.5미터나 되는 날개 폭 덕분에 날갯짓 없이도 바다 위를 유유히 날 수 있어요.

비행 비법

앨버트로스는 날개를 파닥이지 않고 바다 위를 서서히 날다가 바람에 몸을 싣고 하늘 위로 올라가는 방식으로 힘을 아껴요.

선사 시대를 날아다닌 거인들

과거에 하늘을 날았던 몇몇 동물들은 앨버트로스보다 훨씬 더 컸어요. 선사 시대 바닷새인 펠라고니스의 날개 폭은 약 7.4미터였지요. 몸집이 제일 컸던 익룡은 날개 폭이 무려 11미터였답니다!

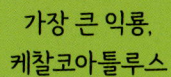

가장 큰 익룡, 케찰코아틀루스

새의 뼛속은 텅 비어 있어요

새는 뼛속에 공기가 많아서 잘 날 수 있어요.

복장뼈

무지개벌잡이새

비행에 특화된 뼈

새가 날려면 비행기처럼 견고하면서 가벼워야 하는데, 새는 뼈가 조밀하고 단단한 반면 뼛속에 빈 공간이 있어서 가벼워요.

군함조

군함조의 뼈는 깃털을 합친 무게보다 가볍답니다!

새 가슴

많은 새들의 복장뼈가 뒤집어진 보트의 바닥처럼 튀어나와 있어요. 비행에 쓰이는 크고 강한 근육을 단단하게 받쳐 주기 위해서예요. 타조같이 날지 못하는 새에게는 이런 복장뼈가 없어요.

꾀꼬리

생쥐는 목뼈가 기린만큼 많아요

기린의 목은 약 1.8미터로, 동물 가운데 가장 길어요. 하지만 고작 7개의 뼈가 긴 목을 지탱하고 있지요.

수컷 기린은 암컷을 차지하기 위해 다른 수컷과 목을 세게 부딪치며 싸워요.

기린의 목뼈

생쥐부터 사람에 이르기까지 거의 모든 포유류의 목이 7개의 목뼈로 이루어져 있어요. 기린은 목뼈 1개의 길이가 약 25센티미터예요.

새는 다른 동물들보다 목뼈 수가 더 많아요. 많게는 25개에 이르지요.

팔이 40개인
불가사리도 있어요

불가사리는 대개 팔이 5개지만, 종에 따라 그보다 많아서, 어떤 불가사리는 팔이 40개예요. 영어로 'starfish' 또는 'seastar'라고 하는데, 각각 '별 모양 물고기', '바닷속 별'이라는 뜻이에요. 이 이상하고 아름다운 생명체는 물고기는 아니기 때문에 'seastar'가 더 알맞지요.

뛰어난 생존력

약 2,000종의 불가사리가 전 세계 바다 곳곳에 살고 있어요. 불가사리의 평균 수명은 약 35년이에요.

팔에 달린 눈

불가사리는 팔 끝마다 눈이 달려 있어요. 이 눈으로 빛과 어둠 정도만 구분해요.

푸른불가사리

아무르불가사리

도우손햇님불가사리

볼록별불가사리

노래기

노래기의 다리는 1,000개가 아니에요

노래기는 영어로 '1,000개의 다리'를 뜻하는 'millipede'예요. 하지만 노래기의 다리는 보통 40~400개 사이지요. 몸마디마다 2쌍의 다리가 달려 있는데, 나이를 먹을수록 몸마디와 다리가 늘어난답니다!

다리가 제일 많은 동물

미국 캘리포니아에서 발견된 노래기는 3센티미터의 몸에 다리가 750개 달려 있었어요! 다리가 엄청 촘촘하게 나 있었겠지요.

육식을 하는 사촌

노래기는 초식 동물이지만, 사촌인 지네는 육식 동물이에요. 지네는 영어로 '100개의 다리'를 뜻하는 'centipede'이지만, 지네의 다리는 30~354개에 이르지요. 지네의 몸은 노래기의 몸보다 더 납작해요.

지네

뱀의 턱은 고무줄처럼 늘어나요

뱀은 먹이를 씹지 않고 통째로 삼켜 버려요!
큰 먹잇감을 입에 넣을 때면 턱을 쭉 늘이지요.
뱀은 돼지, 영양, 그리고 사람까지도
입에 넣고 삼킬 수 있어요!

버마왕뱀은 7미터까지 자라요.

잘 가, 앨리게이터!

2015년에 과학자들은 앨리게이터를 삼킨 비단뱀의 엑스레이 사진을 찍었어요. 배 속의 앨리게이터가 부드럽게 분해되는 데까지 3일이 걸렸고, 일주일 뒤에는 뼈와 껍질까지 완벽하게 소화되었답니다.

비단뱀의 턱은 어떻게 특별할까요?

① 위턱뼈가 머리뼈에 붙어 있지 않고 근육과 힘줄로 연결돼 있어요.

② 아래턱은 중간이 갈라져 있어서 좌우로 크게 벌릴 수 있어요.

벌새는 빨대 같은 부리로 먹이를 할짝거려요

벌새는 부리가 길고 뾰족해서 꿀을 먹을 때면 빨대로 호로록 마시는 것처럼 보인답니다.

벌새는 매일 자기 몸무게의 절반에 해당하는 당분을 먹어요.

할짝할짝

사실 벌새는 꿀을 빨아 먹는 게 아니라 핥아 먹어요. 끝이 갈라진 혀를 내밀어 꿀을 찍은 다음 날름 입안에 넣지요.

칼처럼 뻗은 부리

칼부리벌새는 몸보다 부리가 더 길어요.
부리가 10센티미터까지 자라기도 하지요.

설치류의 이빨은 계속 자라요

다람쥐

설치류는 드라큘라처럼 송곳니가 길어지지 않으려면 반복적으로 물건을 물어뜯어 앞니를 갈아야 해요. 설치류는 영어로 'rodent'라고 하는데, 이 단어는 '갉아 먹다'라는 뜻의 라틴어 'rodere'에서 왔어요.

북방청서

크거나 작거나

북극토끼

생쥐

쥐, 다람쥐, 청설모, 비버는 모두 설치류예요. 그중 가장 큰 설치류인 카피바라는 거대한 기니피그처럼 생겼는데, 몸길이가 최대 1.3미터예요. 설치류 중 가장 작은 발루치스탄피그미뛰는쥐와 아프리카피그미쥐는 꼬리를 뺀 몸길이가 8센티미터를 넘지 않아요.

카피바라

우리는 친척

굴토끼, 산토끼, 우는토끼는 설치류는 아니지만 설치류와 가까운 사촌이에요. 이 동물들도 앞니가 계속 자라요.

코끼리라고 모두 엄니가 나 있지는 않아요

'엄니'는 유난히 긴 앞니를 말해요.
아프리카코끼리는 모두 엄니가 있지만
아시아코끼리는 일부 수컷만 엄니가 있어요.

아시아코끼리

아프리카코끼리는 아프리카 대륙과 닮은 큰 귀를 가지고 있어요. 아시아코끼리는 아프리카코끼리보다 귀가 작아요.

아프리카코끼리

매머드의 엄니는 4.8미터까지 자라기도 했대요. 마스토돈의 엄니는 그보다 더 커서 5미터를 넘기도 했고요. 신생대에 살던 마스토돈은 코끼리와 매머드의 친척이에요.

엄니의 역할

코끼리는 엄니를 이용해 적과 싸우고, 땅을 파고, 먹이를 찾아요. 코끼리의 엄니는 3.5미터 이상 자라기도 해요.

피부, 비늘, 털, 깃털

돌고래는 대부분의 포유류와 달리 털이 없어요. 돌고래의 피부는 매끈하면서도 고무처럼 빳빳해요.

돌고래

돌고래의 가장 바깥 피부는 2시간마다 새로 만들어져요.

너구리는 눈 주위에 검은 가면 같은 털이 나 있어요. 마치 악당처럼요!

너구리

붉은여우가 항상 붉지는 않아요.
노란색, 갈색, 검은색, 혹은 은색을 띠기도 하지요.

하프물범은 온몸에 짧은 은색 털이 나 있어요. 하지만 새끼 때는 새하얗지요.

오실롯

오실롯은 털 무늬 때문에 작은 표범처럼 보여요.

새끼 하프물범

모피를 얻으려는 사람들 때문에 매끄러운 갈색 털을 가진 밍크와 폭신한 흰색 털과 갈색 털을 가진 북방족제비가 엄청나게 희생됐어요.

파충류는 피부가 비늘로 덮여 있어서 몸의 수분을 유지할 수 있어요. 비가 많이 오지 않는 곳에서 살아남는 데 유리하지요.

북방족제비

한때는 백로도 모자에 쓰이는 장식용 깃털 때문에 마구 포획되었어요. 하지만 이제는 포획이 금지돼 보호받고 있지요.

뱀의 가죽은 가방과 구두를 만드는 데 쓰여요. 하지만 뱀의 가죽은 살아 있는 뱀의 피부일 때 가장 아름다워요!

극락조

누룩뱀

백로

수컷 극락조는 화려한 깃털로 암컷을 유혹해요.

악어는 먹이를 잡아먹으며 울어요

슬프거나 미안해서 눈물을 흘리는 것이 아니에요.

악어

바다거북

촉촉한 눈

악어는 눈물을 흘려 눈을 촉촉하게 보호해요. 특히 먹이를 먹을 때는 침샘이 눈물샘을 자극하면서 눈물이 흐르기도 하지요.

상어의 소금샘은 배 속에 있어요.

소금샘

바다거북은 눈물을 흘려 몸속에 들어온 바닷소금을 몸 밖으로 내보내요. 바다거북의 소금샘은 눈 근처에 있답니다.

백상아리

카멜레온은 혀가 몸보다 2배 길어요

카멜레온은 위장술의 대가로 알려져 있어요.
혀를 빠르게 움직이는 걸로도 유명하지요.

어른 남자의 혀가 키보다 2배 길다면 혀가 3.5미터는 될 거예요.

번개 같은 혓바닥

카멜레온은 꼼짝도 하지 않고 먹잇감을 기다려요. 그러다 발견하는 순간 길고 끈적한 혀를 휘둘러 인간의 맨눈으로는 보이지 않을 정도로 빠르게 낚아채요!

세상에 이런 속도가!

만약 카멜레온의 혀가 자동차였다면, 0.01초 만에 속도를 시속 96킬로미터까지 높일 수 있을 거예요.

세계에서 제일 큰 거미는 뱀을 잡아먹어요!

골리앗버드이터는 세계에서 몸집이 제일 큰 거미예요. 양쪽 다리 폭이 30센티미터이고 몸무게는 175그램까지 나가지요.

꿈틀대는 음식

골리앗버드이터는 이름과 달리 보통 땅속에 사는 벌레들을 먹어요. 하지만 뱀이나 새처럼 큰 사냥감을 잡아먹기도 하지요.

골리앗버드이터

지렁이

날렵한 사냥꾼

농발거미는 골리앗버드이터보다 몸집은 작지만 다리는 더 길어요. 그래서 바퀴벌레처럼 재빠른 사냥감도 잘 잡아요.

뱀의 몸은 잘 늘어나요

어찌나 유연한지 뼈가 없는 것처럼 보일 정도예요!

초록덩굴뱀

뱀이 잘 휘어지고 구부러지는 이유는 뼈가 400개도 넘기 때문이에요. 다 자란 사람의 뼈가 206개인 것에 비하면 아주 많은 셈이지요.

거대한 위장

뱀은 몸의 3분의 1이 목이에요. 나머지 부분은 위와 소화 기관이지요.

뱀 중에 가장 긴 그물무늬비단뱀은 7.5미터 넘게 자라기도 해요.

그물무늬비단뱀

제일 큰 박쥐의 이름이 여우라고요?

박쥐 가운데 몸집이 가장 큰 종은 날여우예요. 여우를 닮아서 붙여진 이름일 뿐, 여우와는 딱히 관련이 없어요.

가장 큰 날여우의 날개 폭은 약 1.8미터예요.

먹이 활동

날여우는 아시아, 오스트랄라시아, 동아프리카의 열대 우림에 서식해요. 작은 박쥐들은 대개 음파를 내보내 먹잇감의 거리와 위치를 탐지하는 반면, 날여우는 시각과 후각을 이용해 꿀, 꽃, 꽃가루, 과일 등의 먹이를 찾아요.

몸집이 가장 작은 날여우는 무게가 120그램밖에 나가지 않아요.

인도왕박쥐는 몸무게가 1.6킬로그램까지 나가요. 작은 치와와와 비슷하지요.

귀가 토끼보다 큰 여우

페넥여우는 몸집이 야생 토끼만 하지만
귀는 토끼보다 훨씬 더 커요!

사막에 최적화된 귀

페넥여우는 북아프리카와 중동의 사막에 서식해요. 길이가 15센티미터 가까이 되는 커다란 귀로 몸의 열기를 내보내지요. 또한 곤충, 새, 도마뱀의 희미한 소리도 잡아내는 노련한 사냥꾼이랍니다.

수리부엉이는 페넥여우도 잡아먹어요!

열을 피해 숨어요

페넥여우는 뜨거운 낮에는 굴속에서 지내고, 기온이 낮은 밤에 사냥해요.

개구리는 피부로 숨을 쉬어요

개구리는 폐가 있는데도, 대부분의 산소를 피부로 흡수해요.

빨간눈청개구리

피부에서 핏속으로

개구리는 촉촉하고 끈적끈적한 피부로 산소를 빨아들여요. 산소는 피부 밑에 있는 모세 혈관을 통해 피에 섞여 들지요. 그러면 혈구들이 개구리의 몸 곳곳으로 산소를 운반한답니다.

개구리는 겨울잠을 자는 동안 피부로만 숨을 쉬어요.

독화살개구리

쓸모없는 기체

혈구는 산소를 몸 곳곳으로 나르는 동시에 쓸모없는 이산화탄소를 피부로 실어 날라요. 그러면 이산화탄소는 다시 공기 중으로 빠져나가지요.

향유고래는 90분 동안 숨을 참아요

향유고래는 포유류 가운데 가장 깊이 잠수하는 것으로 유명해요.

잠수의 왕

해양 포유류는 숨을 쉬기 위해 수면 밖으로 나와야만 해요. 향유고래는 수심 2킬로미터 아래까지 잠수해 무려 90분가량 머물 수 있으며, 깊은 바다에 사는 대왕오징어를 먹고 살아요.

단백질의 힘

향유고래가 깊게 잠수할 수 있는 이유는 근육 속에 '미오글로빈'이 있기 때문이에요. 미오글로빈은 산소를 저장하는 특별한 단백질이지요.

하프물범

해양 포유류	고래 바다사자 돌고래	해달 물범 북극곰

바닷속 생활

바다는 지구의 3분의 2를 차지하며, 지구 생명체의 반 이상이 바다에 서식해요.

해달

다른 해양 포유류와 달리, 해달은 몸을 따뜻하게 유지시켜 주는 두꺼운 지방층이 없어요.

산호초 대부분이 따뜻한 열대 바다에서 자라요.

어류는 2만 종이 넘어요.

가자미

에인절피시는 산호 주변에 사는 어류예요. 식물성 먹이와 동물성 먹이를 모두 먹어요.

산호

에인절피시

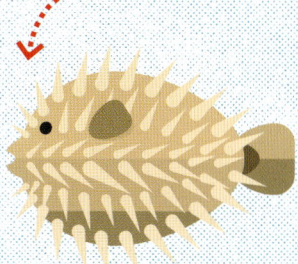

복어

복어는 몸을 풍선처럼 부풀려 포식자에 맞서요.

해파리는 1만 종이 넘지만 모두 뇌가 없어요.

해파리

제일 작은 해파리인 이루칸지해파리는 겨우 2.5센티미터밖에 되지 않아요. 하지만 이 해파리의 독은 사람을 죽일 수도 있어요.

장어

해삼의 영어 이름은 'sea cucumber'로, '바다 오이'라는 뜻이지만 오이와는 아무 상관이 없어요! 해삼은 불가사리, 성게와 비슷한 특징을 띠어요.

장어는 모두 400종이 넘어요.

해삼

고래상어의 입은
너비가 1.5미터예요

고래상어는 어류 가운데 몸집이 가장 커요.
몸길이가 무려 버스만 하지요!

여과 섭식

상어는 대개 사나운 포식자이지만
고래상어는 '여과 섭식'을 해요.
바닷물을 한껏 들이마신 후,
플랑크톤이나 크릴 같은 작은
생물체를 걸러 먹고 바닷물만
다시 내보내는 거예요.

고래상어는 몸무게가 20톤이나 나가요.

고래상어도 무척 크지만 몸길이는 흰긴수염고래의 3분의 1밖에 되지 않아요.

개복치는 제일 무거운 경골어류예요

개복치는 평균 몸무게가 1,000킬로그램일 정도로 정말 커요. 기록상 몸집이 가장 컸던 개복치는 27,000킬로그램에 달했지요!

일광욕하는 개복치

개복치는 수면 위에 둥둥 뜬 채 일광욕을 해요. 이렇게 하면 해파리를 잡아먹으러 깊이 잠수하고 난 뒤 차가워진 몸을 따뜻하게 덥힐 수 있어요!

경골어류

어류의 약 90퍼센트는 개복치와 같은 '경골어류'예요. 경골어류란 상어와 가오리처럼 휘어지는 연골이 아니라, 딱딱한 뼈를 가진 어류라는 뜻이에요.

개복치를 라틴어로 뭐라고 부를까요?

생물의 학명은 대개 라틴어로 표기해요. 개복치의 학명은 'mola mola'이지요!

낙타의 혹에는 물이 담겨 있지 않아요

낙타의 혹에는 물이 아니라 지방이 저장돼 있어서 낙타가 사막에서 살아남는 데 도움이 돼요.

단봉낙타

혹이 몇 개예요?

낙타는 혹에 있는 지방을 에너지로 바꿀 수 있어요. 대부분의 낙타는 혹이 1개인 단봉낙타이지만 중앙아시아에는 혹이 2개인 쌍봉낙타가 살아요.

사막 생존 비법

- ✓ 지방층이 있는 혹
- ✓ 적은 수분 배출량
- ✓ 2줄로 나 있어 모래를 막아 주는 속눈썹
- ✓ 무게를 분산시키는 넓은 발바닥

사막 위의 짐꾼

사막에 사는 사람들은 5천 년 동안 낙타를 길러 왔어요. 낙타는 짐을 나를 만큼 힘센 동물인 데다 우유, 고기, 털을 제공해 준답니다.

쌍봉낙타

코뿔소의 뿔은 멈추지 않고 자라요

우리의 머리카락과 손톱처럼 케라틴 성분으로 이루어져 있어요.

뿔이 몇 개예요?

아프리카에 서식하는 흰코뿔소와 검은코뿔소는 뿔이 2개예요. 반면 인도코뿔소와 자바코뿔소는 뿔이 1개 있지요. 희귀 종인 수마트라코뿔소는 뿔이 2개지만, 그중 1개는 매우 짧고 뭉툭해요.

뿔 난 영웅

기록으로 남은 가장 긴 코뿔소의 뿔은 길이가 1.5미터였어요. 흰코뿔소의 뿔이었지요.

케라틴 성분으로 된 코뿔소의 뿔은 엄청나게 엉겨 붙은 머리카락과 비슷해요.

신생대의 빙하 시대에 살던 털코뿔소 무리는 유럽과 아시아 북부를 누볐어요.

뱀은 허물을 벗어요

뱀이라면 크든 작든 유령 같은 하얀 허물을 벗어요.

뱀의 비늘

뱀의 피부는 겹쳐진 작은 비늘로 뒤덮여 있어요. 비늘은 단단하지만 몇 달이 지나면 닳기도 하고 찢어지기도 해요. 시간이 지나면 오래된 피부 사이로 반짝이는 새 피부가 모습을 드러낸답니다.

산호뱀

이구아나와 도마뱀도 때가 되면 허물을 조금씩 벗어요.
하지만 뱀처럼 한번에 다 벗지는 않아요.

악어의 단단한 비늘은 하나씩 서서히 떨어져 나가요.

거북은 대개 허물을 벗지 않아요.
그 대신 등딱지 아래에 새로운 층이 자라나요.

갈기가 있는 늑대?

이 동물은 여우일까요, 늑대일까요? 남아메리카에 서식하는
갯과 동물 중에서 몸집이 가장 크다고 알려진 갈기늑대는
늑대로 불리지만 생김새는 여우에 가까운 데다
여우도 늑대도 아닌 별개의 종이랍니다.

키다리 여우처럼 보여요

갈기늑대는 다리가 길어 키가 크고, 여우처럼 털이 붉어요. 위험을 느끼면 목덜미에 난 검은색 갈기가 곤두선답니다.

우웩!

갈기늑대는 소변 냄새가 아주 지독해서 별명이 '스컹크 늑대'예요.

하이에나도 대개 긴 갈기털이 나 있어요.

최고의 반려동물

그레이트데인

그레이트데인은 키가 가장 큰 견종이에요. 어깨높이만 해도 약 76센티미터랍니다.

최초로 사육된 동물은 개였어요. 3만 년 전쯤 사람들이 길들인 늑대가 개의 조상이랍니다.

우리나라에서 600만 넘는 가구가 반려동물을 키워요.

치와와

페르시안고양이

치와와는 몸집이 제일 작은 견종이에요. 제일 작은 치와와는 키가 10센티미터도 안 된답니다.

페르시안고양이는 미국에서 제일 인기 있는 고양이 품종이에요.

사랑앵무, 유황앵무 같은 앵무새들은 친숙하고 수다스러운 반려동물이에요.

왕관앵무

사랑앵무

최초의 고양이 쇼는 1870년대에 영국 런던에서 열렸어요.

샴고양이

왕관앵무는 유황앵무의 한 종류예요. 오스트레일리아 고유종이지요.

반려 고양이 가운데 몸집이 가장 큰 품종은 메인쿤이에요. 신기록을 세운 메인쿤의 몸무게는 15.4킬로그램이었답니다.

중국은 최초로 금붕어를 반려동물로 키웠어요.

금붕어

레게 머리를 한 알파카

알파카는 크기가 작은 라마처럼 보여요.
알파카의 조상은 남아메리카의 안데스산맥에
서식하는 비쿠냐예요.

매력 만점인 알파카의 털

알파카는 2종밖에 없어요. 와카야알파카는
두껍고 푹신푹신한 털로, 수리알파카는
여러 가닥으로 촘촘하게 꼬인 긴 털로 널리
알려져 있지요. 사람들은 알파카의 털로 아름답고
폭신한 판초, 담요, 스웨터, 모자 들을 만들어요.

퉤퉤! 경고야!

알파카는 사촌 사이인 낙타처럼
성질이 고약하기로 유명해요.
침을 퉤퉤 뱉는 습성 때문이지요.
하지만 화가 나서 그러는 것이 아니에요.
곤경에 처하거나 음식을 놓고
경쟁할 때 경고의 의미로 침을 뱉지요.

가시두더지의 가시는 원래 털이었어요

가시개미핥기라고도 불리는 가시두더지는 뾰족뾰족한 가시로 덮여 있어서 생김새가 특이해요.

가시두더지는 4종 모두 뉴기니와 오스트레일리아에 서식해요.

포유류 같지 않은 포유류

가시두더지는 새끼를 배는 대신 알을 낳아요. 비슷하게 가시가 나 있는 고슴도치나 산미치광이보다는 알을 낳는 오리너구리와 더 가까운 관계이지요. 알을 낳는 포유류는 이 둘뿐이거든요.

뾰족뾰족한 보호막

가시두더지의 털은 오랜 시간을 거쳐 가시로 변화했어요. 굵고 뾰족한 털을 가질수록 포식자들이 쉽게 공격하지 못하기 때문이지요. 아무리 강한 포식자라도 몸을 공처럼 말아 가시로 뒤덮인 먹잇감을 해치우기는 어렵답니다.

기린은 잠을 거의 자지 않아요

기린은 하루에 겨우 2~4시간을 자요.

기린의 서식지인 초원에서 제일가는 포식자는 사자예요. 사자는 하루에 20시간을 잔답니다.

언제나 준비 완료!

기린은 일어서거나 엎드린 상태로 한 번에 5분씩 쪽잠을 자요. 그런데 앉아 있다가 바닥을 박차고 일어나기까지 시간이 좀 걸리기 때문에 잠깐 잘 때에도 한쪽 눈은 뜬 상태로 포식자의 동태를 살펴요.

돌고래도 비슷한 방법을 써요

돌고래는 계속 헤엄치면서 잠을 자요. 뇌가 반쪽씩 교대로 잠을 자기 때문이지요. 오른쪽 뇌가 잠을 잘 때는 왼쪽 눈을 감고, 왼쪽 뇌가 잠을 잘 때는 오른쪽 눈을 감고 있어요.

제일 잘 자는 동물은 나무늘보가 아니에요

나무늘보는 이름에 '늘보'란 말이 들어갈 정도로 행동이 느리기로 유명해요. 꾸벅꾸벅 잘 졸기까지 하지요.

왕아르마딜로는 하루에 18시간 동안 자요.

하품하는 코알라

나무늘보는 하루에 20시간을 자요. 하지만 코알라는 22시간 정도 잔답니다. 코알라가 먹는 유칼립투스 잎은 영양소가 적고 소화시키는 데 시간이 오래 걸리기 때문에 힘을 아끼려면 오래 자야 해요.

소화 능력

코알라는 하루에 약 1킬로그램의 유칼립투스 잎을 먹어 치워요. 이 나뭇잎은 2미터 길이의 장을 지나며 소화가 되지요. 코알라의 장은 몸길이의 3배가 넘는답니다!

도마뱀은 꼬리를 '툭' 끊어 버려요

도마뱀은 포식자의 주의를 딴 데로 돌리기 위해 기막힌 속임수를 써요. 꼬리 끝을 떼어 내 버리거든요.

현란한 바람잡이

그게 다가 아니에요. 꼬리는 몸에서 떨어져 나간 후에도 오랫동안 꿈틀거리고, 뒤집히고, 튀어 오르고, 굴러다녀요. 포식자가 계속 움직이는 꼬리에 눈길을 쏟는 사이 도마뱀은 도망치지요.

에너지를 저장해요

포식자도 끊임없이 파닥거리며 움직이는 잘린 꼬리를 붙잡기는 어려워요. 도마뱀은 포식자가 물러난 뒤에 다시 나타나 자기 꼬리를 먹어 버리기도 하지요. 으악, 징그럽다고요? 하지만 꼬리가 다시 자라는 데 필요한 에너지를 얻으려면 어쩔 수 없어요.

신체 일부분이 다시 자라요

도롱뇽의 일종인 아홀로틀은 재생의 전문가예요. 꼬리나 다리가 다시 자라나는 것은 물론 심장과 뇌를 스스로 고칠 수도 있답니다!

지렁이는 몸이 두 동강 나면 머리 쪽에서 꼬리가 다시 자라요.

가시생쥐는 상처를 깨끗이 낫게 하거나 새 피부가 빨리 자라게 할 수 있어요.

불가사리는 팔이 떨어져 나가도 다시 자라요.

30킬로그램에 이르는 뿔이 3달 만에 다시 나는 사슴도 있어요!

51

거미줄은 강철보다 강해요

아직 거미줄로 다리를 지을 수는 없지만 먼 훗날에는 어떻게 될지 몰라요!

거미줄 VS 강철

거미줄은 잡아당겼을 때 버티는 힘이 강철과 비슷해요. 하지만 강철보다 밀도가 훨씬 낮기 때문에 같은 무게의 강철보다는 5배 더 강하답니다.

거미는 엉덩이에서 거미줄을 뽑아내요.

용도가 다양한 거미줄

거미는 집을 짓고, 알을 보호하고, 공중으로 날아가고, 먹잇감을 미라처럼 싸는 등 여러 용도로 거미줄을 사용해요.

암컷 황금무당거미는 황금색 거미줄을 만들어요.

검은과부거미

세계에서 제일 큰 진주는 동그랗지 않아요

제일 크다고 알려진 진주는 크기는 베개만 하고 무게는 래브라도리트리버만큼 나가요.

진주가 모두 자연에서 만들어지지는 않아요. 공장에서도 생산되지요.

행운의 진주

필리핀에 사는 한 어부가 집에 두고 행운을 빌 때면 만지던 진주가 세계에서 가장 큰 자연산 진주로 등극했어요. 1,000억 원이 넘는 그 진주는 커다란 조개껍데기 안에서 만들어졌지요.

너무 불편해!

굴, 조개, 홍합은 모래 같은 자잘한 부스러기가 껍데기 안쪽에 들어오면 부스러기를 얇은 진주층으로 겹겹이 싸서 몸이 쓰라리지 않게 해요. 그렇게 진주가 만들어지지요. 보석에 쓰이는 진주는 대개 완벽한 동그라미 모양이에요.

2. 서식지의 생활

지구에는 800만 종이 넘는 동물들이 살고 있어요

생물이 살아가는 곳을 '서식지'라고 해요.
지구에는 아주 다양한 서식지가 있지요.

산

극지방   해양   사막

초원   숲

적응 완료

동물들은 서식지에 적응하며 살아요.
서식지의 기후와 날씨를 이겨 내고
서식지에 있는 식물이나 동물을 먹고 살지요.

북극곰의 서식지는 얼음으로
뒤덮인 북극이에요.

생명체가 살지 못하는 곳도 있어요

지구 표면은 모두 동물의 서식지일까요? 그렇지 않아요! 특정 지역에는 생명체가 살 수 없어요.

공장에서 나오는 오염 물질은 서식지를 파괴해요.

바다에는 어떤 생명체도 살지 않는 광활한 지대가 있어요. 인간이 오염시키고 파괴해서 생명체가 살지 못하게 된 곳들도 많지요.

조류의 공격

연안 지대에서는 특정 생물이 너무 많이 증식하는 바람에 생태계가 무너지기도 해요! 밭에서 흘러나온 비료가 강을 거쳐 바다로 들어가면 조류(식물성 플랑크톤)가 마구 자라면서 햇빛을 차단하고 다른 바닷속 식물들의 광합성을 방해해요. 이로 인해 산소가 부족해지면서 바다 생물들이 살아남지 못하게 되지요.

전 세계 동물의 절반은 열대 우림에 살아요

열대 우림은 훌륭한 서식지예요. 따뜻하고, 비가 자주 내리며, 식물이 무성하게 자라는 숲이지요.

금강앵무

아마존에 사는 동물

조류 1,300종

포유류 430종

거미원숭이

파충류 400종

독화살개구리

양서류 400종

100종이 넘는 독화살개구리가 아마존에 살아요.

초록나무비단뱀

어류 3,000종

피라냐

완전한 열대 지방

열대 우림은 지구 중앙에 그은 가상의 선인 적도 근처에 펼쳐져 있어요. 남아메리카의 아마존은 세계에서 가장 넓은 열대 우림으로, 거의 매일 비가 오고, 평균 기온은 섭씨 27도 정도랍니다.

나무 한 그루당 수백 종의 생물들이 살아요

아마존에서 키가 제일 큰 나무는 90미터에 달해요. 나무는 수많은 생물들의 보금자리, 전망대, 양육 장소와 먹이 저장소가 되어 준답니다.

먹이 사슬

나무는 수백 종의 동물들에게 나뭇잎, 나무껍질, 수액, 과일, 씨앗을 먹이로 제공해요. 이것을 먹이로 삼는 원숭이, 새, 곤충은 뱀, 재규어와 같은 다른 포식자의 먹이가 되지요.

개미가 우글우글

열대 우림에 있는 나무 한 그루에는 40종이 넘는 개미가 살아요. 영국에 사는 개미 종보다 더 많은 셈이지요!

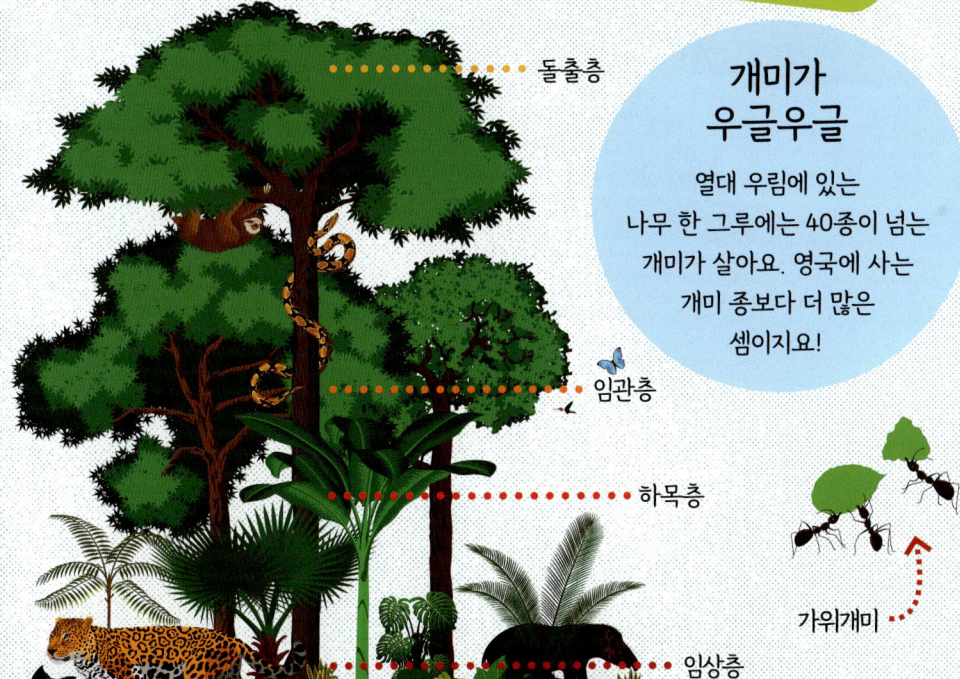

- 돌출층
- 임관층
- 하목층
- 임상층
- 가위개미

나무늘보는 거의 모든 일을 거꾸로 매달려서 해요

나무늘보는 중앙아메리카와 남아메리카 열대 우림의 나무에 서식하는 귀여운 포유류예요.

거꾸로 살기

나무늘보는 대부분의 시간을 나무에 거꾸로 매달려서 보내요. 길고 강한 발톱으로 나뭇가지를 단단히 움켜쥐고 아주 느리게 움직이지요. 움직이지 않는 것처럼 보일 정도로요.

화장실 가기

나무늘보는 일주일에 한 번씩 나무에서 숲 바닥으로 내려와 소변과 대변을 해결해요. 소화 과정이 매우 느리기 때문에 용변도 가끔 봐요.

어떤 도마뱀은 날기도 해요

날도마뱀은 몸통 좌우에 날개처럼 생긴 피부막이 있어요. 피부막을 펼쳐 날 수는 없지만, 나무와 나무 사이를 날듯이 옮겨 갈 수는 있어요.

날도마뱀

발로 날아요

날개구리는 발가락 사이에 물갈퀴가 발달되어 있어서 발가락을 쫙 펴고 높이 뛰어오를 수 있답니다.

날도마뱀붙이

날개구리

열대 우림 속을 날아요

날도마뱀은 무려 60미터를 날 수 있어요. 이때 몸 밖으로 길게 자란 갈비뼈가 날도마뱀의 얇은 날개 막을 받쳐 주지요. 날도마뱀붙이의 날개는 팔다리와 몸통을 연결해 주는 피부막이라 날도마뱀과는 구조가 다르답니다.

사슴은 삼림 지역 어디든 살고 있어요

삼림에 서식하며 부드러운 풀과 나무껍질을 주로 먹지요.

순록과 말코손바닥사슴은 **타이가**를 누비며 살아요. 타이가는 유라시아와 북아메리카 최북단에 펼쳐진 침엽수림으로, 겨울에 매우 추워요.

마자마사슴, 다이커, 문착처럼 몸집이 작은 사슴들은 **열대 우림**에 서식해요.

붉은사슴은 **온대 낙엽수림**에 서식해요. 온대 낙엽수림에는 사계절이 있으며 매년 낙엽수의 잎이 지지요.

제일 작은 사슴은 남방푸두예요. 칠레와 아르헨티나의 **온대 우림**에 서식해요.

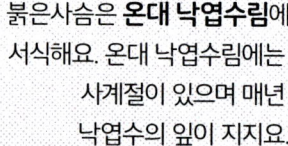
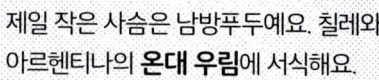

울버린은 깊은 삼림을 더 좋아해요

타이가 (초록색)

동물은 사람이 사는 마을에 가까이 살기도, 접근하기 힘들 만큼 멀리 살기도 해요. 울버린은 사람과 멀리 떨어진 타이가에 서식해요.

늑대? 곰?

울버린은 늑대나 만화 캐릭터인 울버린과는 관련이 없지만, 매우 사납고 힘이 센 것은 사실이에요! 족제빗과에 속하는 이 괴짜 동물은 작은 곰처럼 생겼어요.

울버린이 타이가에서 살아남는 법

- ✓ 기름기가 있어서 서리가 끼지 않는 털
- ✓ 죽은 고기도 먹는 까다롭지 않은 식성
- ✓ 얼음으로 덮인 땅을 잘 디디게 해 주는 긴 발톱

울버린은 고약한 냄새로 영역을 표시해요. 별명이 '스컹크 곰'일 만큼 냄새가 무척 심하지요.

도심 속 동물

동물이 도시에서 살아가려면 지혜로워야 해요. 같은 종이라도 도심에 사는 동물의 뇌가 시골에 사는 동물의 뇌보다 더 커요!

집도마뱀붙이는 곤충을 잡아먹기 때문에 곤충이 많은 지역에서는 이롭게 여겨지지만 온갖 곳에 똥을 싸는 바람에 골칫거리가 되기도 해요!

코요테와 라쿤은 북아메리카 전역에서 사냥을 하고 죽은 고기를 먹으며 살아가요.

12종의 여우 가운데 몸집이 가장 큰 붉은여우는 도시에서 가장 보기 쉬운 여우예요.

붉은여우는 전 세계적으로 널리 퍼져 사는 육식 동물이에요.

4억 마리의 양비둘기가 전 세계 도시에 흩어져 살고 있어요.

동남아시아 지역에 분포하는 마카크는 솜씨 좋은 소매치기가 되어 버렸어요!

비둘기는 몸집은 작지만 살모넬라균, 리스테리아, 크립토코쿠스와 같은 병원균을 옮겨요. 이 병원균들은 생명에 치명적인 뇌수막염을 일으킨답니다.

곰쥐는 흑사병, 즉 페스트를 옮기는데, 1300년대에 전 세계에서 무려 1억 명이 이 질병으로 목숨을 잃었어요.

1970년대에는 우리나라에 쥐가 9,000만 마리나 있었대요!

초원의 초식 동물들은 무리 지어 살아요

광활한 초원에는 숨을 곳이 많지 않아요. 초원에서 풀을 뜯는 동물들은 안전을 위해 모여 살지요.

가젤

사바나

가젤처럼 아프리카 사바나에 사는 많은 초식 동물들은 사자, 하이에나, 치타 같은 포식자와 맞닥뜨리곤 해요.

초식 동물 무리

누는 싱싱한 풀과 물을 찾다가 가끔 얼룩말과 무리를 짓기도 해요.

얼룩말

착시 효과

사자나 하이에나는 얼룩말의 화려한 줄무늬 때문에 무리에서 1마리를 골라 사냥하기 힘들어요.

누

고라니는 물속에 살지 않아요

연못, 강, 호수는 민물 서식지예요. 민물 속과 주변에서 수많은 동물들이 살아가지요. 고라니는 강변을 끼고 생활하지만 강에 들어가지는 않아요!

오리의 민물 생활

오리는 강둑에 둥지를 만들어 놓고, 거의 하루 종일 물 위에서 시간을 보내요. 수초, 곤충, 연체동물, 그리고 물고기를 찾아 자맥질하지요. 수컷 오리는 대개 깃털이 밝고 화려해요.

원앙

청둥오리

민물 물고기

유럽잉어, 민물송어, 퍼치, 강꼬치고기는 모두 민물고기예요. 연못에 사는 물고기의 삶은 도전 그 자체랍니다. 여름에는 연못이 말라붙을 수도 있고, 겨울에는 꽁꽁 얼 위험이 있으니까요.

민물송어

강꼬치고기

자외선 차단제를 바르는 하마

하마는 사하라 사막 이남의 아프리카에 살아요.
하루 종일 강에서 뒹굴면서 더위를 피하지만
물이 피부에 해로운 자외선까지
막아 주지는 못해요.

천연 보호제

하마가 흘리는 기름지고 불그스름한 땀에는
자외선을 흡수하는 화학 물질이 들어 있어요.
또한 하마의 땀은 살균력이 있어서 몸에 난
상처가 감염되지 않게 막아 준답니다.

피땀

한때 사람들은
하마가 너무 더워서
피땀을 흘린다고
생각했대요!

햇볕에 피부를 그을리는 고래도 있어요

흰긴수염고래

흰긴수염고래는 햇살이 많이 내리쬐는 멕시코 근처 바다에서 겨울을 보내는데, 자외선을 많이 받으면 햇볕에 탄 사람의 피부처럼 어두운 색소가 만들어지지요.

타고난 어두운 피부색

참고래는 흰긴수염고래와 달리 본래 피부색이 어두워요. 피부 속에 '멜라닌'이 있기 때문이에요. 멜라닌은 태양으로부터 피부를 보호해 주는 색소예요.

참고래

일광욕하는 고래

향유고래는 한 번에 최대 6시간 동안 수면에서 햇볕을 쫴요. 향유고래의 피부에는 자외선 때문에 피부가 상하지 않게 막아 주는 단백질이 들어 있어요.

향유고래

과학자들이 연구한 최초의 동굴 생물

동굴도롱뇽붙이는 1768년에 처음 학명이 붙여졌어요. 서늘하고 습하고 어두컴컴한 동굴에는 동굴도롱뇽붙이 말고도 특이한 생물들이 살고 있어요.

동굴 생물의 감각 기능

동굴도롱뇽붙이는 눈이 보이지 않아요. 하지만 시각은 어두컴컴한 서식지에서 그리 중요한 감각은 아니에요. 동굴도롱뇽붙이는 먹을거리가 풍부한 시기에 뛰어난 후각, 청각, 촉각으로 사냥해 먹이 없이 10년은 살아남을 수 있는 당분을 몸에 저장해 둬요.

기이한 동굴 생물

꼽등이
굴왕거미
동굴가재
동굴옆새우

쓸모없고 작은 다리

미끌미끌한 몸통

주름진 아가미

커다란 머리

동굴 하나에 박쥐 수백만 마리가 살 수도 있어요

박쥐는 동굴에 사는 동물 가운데 제일 잘 알려져 있어요.
박쥐는 대개 낮 동안 동굴에서 휴식을 취해요.

자유꼬리박쥐는 몸길이 9센티미터 가운데 절반이 꼬리예요.

박쥐 돌보기

매년 약 2,000만 마리의 멕시코자유꼬리박쥐가 번식을 하려고 미국 텍사스주의 브랙큰 동굴로 날아들어요. 이렇게 태어난 새끼 박쥐는 4~5주 동안 어미 박쥐의 젖만 먹고 자라지요. 어미 박쥐의 겨드랑이에서 나오는 젖을요!

소중한 똥

박쥐 수백만 마리가 배설하는 똥의 양은 엄청나요. 냄새가 지독하긴 하지만 세균, 균류, 그리고 도롱뇽에게 중요한 먹이가 된답니다. 냠냠!

박쥐 똥

야생 양의 튼튼한 두 발

야생 양은 언덕이나 산악 지대에 살아요. 만약 두 발이 부실했다면 땅에 단단히 박혀 있지 않은 바위에서 미끄러지거나 절벽 끝에서 발을 헛디디기 일쑤였을 거예요.

산에서 살아남기

양은 추위를 막아 주는 복슬복슬하고 두꺼운 털이 나 있어요. 주로 떼를 이루어 지내며 온기를 유지하고, 포식자에게 맞설 방어벽을 만들어요.

큰뿔야생양

들염소

양 VS 염소

큰뿔야생양과 들염소는 비슷해 보여요. 하지만 큰뿔야생양이 몸집이 더 크고 뿔도 더 두꺼워요. 큰뿔야생양은 본래 북아메리카에 사는 반면, 들염소는 아시아에 살아요.

야크는 폐가 커요

야크는 히말라야에 사는 소예요. 엄청 큰 폐가 있어서 혹독한 서식지에서도 살아남지요.

숨을 한껏 들이마셔요

히말라야처럼 고도가 높은 곳에서는 공기가 옅어져요. 그만큼 산소의 양이 적어지지요. 하지만 야크는 커다란 폐를 가진 덕분에 공기를 듬뿍 들이마실 수 있어요. 산소를 운반하는 적혈구의 수도 무척 많지요.

가축화된 야크는 1,200만 종이 넘는 반면, 야생종은 1만 종 정도예요.

겨울에 살아남기

야크는 덥수룩한 털 덕분에 영하 40도 정도로 낮은 기온에서도 살아남을 수 있어요. 또, 겨울이면 눈으로 수분을 섭취해요.

농장 동물

일찍이 사람들은 개를 길들여 사냥에 이용하고 정착지를 지켰어요.

양과 염소는 약 1만 1,000년 전에 식량을 얻기 위해 길들인 최초의 동물이에요.

제일 크고 무거운 말은 '샘슨'이라 불렸던 샤이어 품종의 말이었어요. 몸무게가 1,524킬로그램에 달했지요.

칠면조의 목에서 배 쪽으로 늘어진 부드러운 피부는 기분에 따라 색이 바뀌어요.

염소와 양은 위턱에 이빨이 없어요.

몸집이 가장 작은 닭은 세라마 품종이에요. 키가 25센티미터도 안 된답니다.

가장 컸던 돼지는 폴란드차이나 품종의 '빅빌'이라는 돼지로, 몸무게가 1,157킬로그램이었어요.

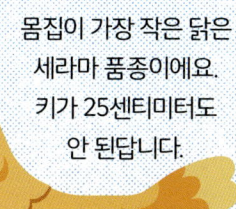

1년에 300개가 넘는 알을 낳는 닭도 있어요.

암소는 계단을 오를 수는 있지만 내려올 수는 없어요.

프랑스 수도사들은 약 1,400년 전에 최초로 식용 토끼를 길렀어요.

북극여우는 털옷을 바꿔 입어요

여우는 영리한 사냥꾼이에요. 주변 환경에 따라 몸 색깔을 바꾸거든요. 하지만 여우만 겨울에 다른 색의 털옷으로 갈아입지는 않아요!

툰드라

북극여우는 북극해 근처의 툰드라에 살아요. 전 세계 육지의 약 5분의 1을 차지하는 툰드라는 키 큰 나무가 없고 낮은 관목들이 자라는 황량한 지대예요.

눈처럼 하얀색

목걸이레밍, 멧토끼, 족제비, 여우는 겨울이면 갈색이었던 털이 하얗게 변해요. 털 빛깔이 옅을수록 포식자나 사냥감의 눈을 피해 하얀 눈 속에 숨기 유리하지요.

북극여우는 아이슬란드에 사는 육상 포유류 중 유일한 토착종이에요.

북극곰의 피부는 검은색이에요

북극곰은 하얗게 보이지만, 털은 투명하고 피부는 검은색이에요!

빛의 속임수

북극곰의 투명한 털은 4가지 이유로 하얗게 보여요.

1. 햇빛이 속이 텅 빈 털에 반사되며 반짝거려요.
2. 거친 털 표면에서 빛이 여러 방향으로 흩어져요.
3. 털에 함유된 케라틴이라는 성분이 투명에 가까운 하얀색이에요.
4. 바닷소금이 털을 뒤덮고 있기도 해요.

자외선 차단 효과

검은 피부는 태양의 강한 자외선으로부터 북극곰을 보호할 뿐만 아니라, 북극곰이 태양열을 최대한 흡수할 수 있게 도와요.

눈표범은 눈에 빠지지 않아요

몸무게를 분산시키는 큰 발 덕분이지요.
마치 자기만의 스노슈즈를 신은 것처럼요.

눈표범은 기다란 꼬리를 이용해 균형을 잡아요. 이 꼬리는 거의 몸만큼 길어요.

눈표범은 어느 고양잇과 동물보다 멀리 뛰어요. 제 몸길이의 약 10배를 뛰어넘지요!

울퉁불퉁 산악 지대

눈표범은 중앙아시아의 산악 지대에 살아요.
이 지역은 거의 1년 내내 눈이 내리지요. 눈표범은
검은색 장미 무늬로 덮인 잿빛 털 덕분에
바위가 많은 험한 산악 지형에서 눈에 잘 띄지 않아요.

곰은 겨우내 자요

곰은 겨울잠을 길게 자는 것으로 유명해요.
그런데 겨울잠을 자는 다른 동물과는 조금 달라요.

큰 곰

다람쥐

겨울잠 자는 법

다람쥐나 그 밖에 작은 포유류들은 겨울잠을 잘 때 몸이 얼기 직전까지 체온을 떨어뜨리고, 일주일에 한 번 깨어나 체온을 올려 저장된 먹이를 먹고 배설물을 배출하지요.

특이한 겨울잠

곰은 겨울잠을 잘 때도 체온을 조금만 떨어뜨려요. 그래서 어떤 과학자들은 곰이 겨울잠을 자지 않는다고 생각했어요. 곰은 겨우내 먹지도, 마시지도, 소변이나 대변도 배설하지 않고 100일 동안 자기도 하지요!

사막에 사는 새는 선인장에 둥지를 틀어요

미국 서남부와 멕시코 서부의 사막에서 자라는 선인장은 나무만큼 키가 커요. 이 선인장들이 둥지를 트는 새들의 보금자리가 되어 주지요.

구멍 뚫는 새

눈에 띄는 빨간색 '모자'를 쓴 힐라딱따구리는 단단한 부리로 사와로선인장에 구멍을 파고 둥지를 틀어요.

보금자리 준비 완료

오래된 딱따구리의 둥지는 선인장굴뚝새와 조그마한 엘프올빼미를 비롯한 다른 새들의 보금자리가 돼 줘요.

엘프올빼미는 몸무게가 40그램 정도로, 식빵 한 쪽과 비슷해요.

선인장 둥지가 인기 있는 이유

 보호용 가시

 시원한 그늘

 당장 먹을 수 있는 곤충

들다람쥐는 파라솔을 가지고 다녀요

꼬리를 햇빛 가리개로 이용하거든요.

그늘을 만들어요

들다람쥐를 비롯한 다람쥣과 동물은 꼬리를 젖혀 몸에 그늘을 드리워요. 이렇게 하면 체온을 3도나 떨어뜨릴 수 있어요.

다람쥣과에 속하는 프레리도그는 한 마을을 차지할 만큼 큰 무리를 이루고 살아요. 미국 텍사스주에서 발견된 한 프레리도그 무리는 약 4억 마리에 이르렀는데, 서식지의 크기가 6만 4,000제곱킬로미터 정도였다고 해요.

또 다른 꼬리 사용법

프레리도그는 뱀이 다가오면 꼬리를 위아래로 흔들어요. 뱀은 흔들리는 꼬리 때문에 프레리도그가 실제보다 더 크다고 착각하고 공격을 포기해 버려요.

수리류는 발로 낚시해요

새의 발은 서식지 환경에 따라 먹이를 잡기 쉽게 발달해 왔어요.

무시무시한 갈고리발톱

위풍당당한 흰머리수리는 넓은 호숫가나 해안에 살며 갈고리발톱으로 물고기나 물새를 낚아채 먹어요. 이 발톱은 미끌미끌한 연어도 단단하게 움켜쥘 수 있답니다!

힘찬 날개

흰머리수리는 날개 폭이 2.3미터예요. 힘이 넘치는 날개 덕분에 먹이를 쥐고도 시속 48킬로미터로 날 수 있어요.

연어

거대한 수리 3종

검독수리
날개 폭: 2.3미터

흰꼬리수리
날개 폭: 2.4미터

참수리
날개 폭: 2.5미터

도깨비도마뱀은 발로 물을 마셔요

이 특이한 도마뱀은 오스트레일리아의 사막에 살아요.

중력을 거슬러요

도깨비도마뱀은 크고 작은 가시가 온몸을 덮고 있어요. 울퉁불퉁한 피부 사이로는 홈이 패어 있는데, 도깨비도마뱀이 젖은 모래를 밟으면 수분이 이 홈을 타고 입까지 흘러 들어가요.

갈색과 노란색 무늬를 띠는 도깨비도마뱀은 사막에서 눈에 잘 띄지 않아요.

개미만 먹는 동물

도깨비도마뱀은 먹이에서도 수분을 얻어요. 위험한 먹이는 먹지 않고 개미만 먹고 살아요.

코끼리는 귀를 부채처럼 사용해요

아프리카 사바나는 1년 내내 더워요.
그렇다면 덩치가 큰 동물들은 어떻게 시원하게 지낼까요?

코끼리는 물을 하루에 최대 200리터까지 마셔요.

아프리카코끼리는 커다란 귀를 펄럭거리며 시원한 바람을 일으켜요. 이렇게 해서 몸의 열기도 날려 버리는데, 몸속 열이 혈관을 따라 귀 표면으로 실려 와 빠져나가지요.

펼쳐라, 귀! 코끼리는 위협을 느끼면 귀를 활짝 펼쳐요.
이렇게 하면 실제보다 훨씬 더 크게 보인답니다!

털매머드는 코끼리보다 귀가 작아요

털매머드는 코끼리와 가까운 종이에요.
마지막 빙하기가 있었던 30만 년 전부터 1만 년 전까지 살았지요.

추위를 막아요

털매머드는 귀가 오늘날 코끼리의 귀보다 작았어요. 그만큼 몸에서 빠져나가는 열도 적었지요. 게다가 추위를 막아 주는 두껍고 긴 털로 덮여 있었어요. 머리 뒤쪽에 난 혹에는 낙타의 혹처럼 지방이 저장되어 있었답니다.

귀여운 사촌

털매머드는 어깨높이가 3.4미터였어요. 이 높이의 반밖에 되지 않는 난쟁이매머드는 4,000년 전까지 시베리아 연안의 브란겔랴섬에서 살았어요.

민물 동물

아메리카물뒤쥐는 어찌나 가벼운지 물 위를 걸을 수도 있어요!

물거미는 물속에 지은 공기 주머니 집에서 살아요.

대부분의 개구리는 자기 몸길이의 20배 거리를 점프할 수 있어요.

두꺼비는 최대 18미터 길이의 투명한 알끈을 낳아요.

전기뱀장어는 650볼트 이상의 전기를 일으킬 수 있어요.

물벼룩은 양귀비 씨앗만 해요.

조수 웅덩이에 사는 생물들은 대단히 강해요

밀물과 썰물이 만들어 내는 연못인 조수 웅덩이에 사는 동물들은 서식지의 극심한 환경 변화에 적응해 살아가요.

돌변하는 환경

조수 웅덩이의 수온, 염분, 그리고 산소 수치는 수시로 변해요. 하루에 2번씩 차가운 바닷물이 휙 밀려 들어왔다 빠져나가기 때문이지요.

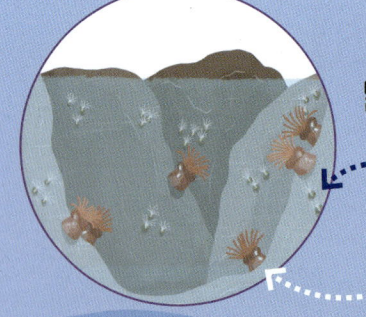

밀물의 소용돌이에서 살아남기!

따개비는 껍데기 밖으로 12개의 다리를 흔들어 플랑크톤을 낚아요.

말미잘은 촉수를 흔들어 먹이를 잡아요.

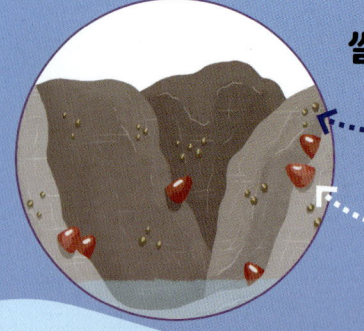

썰물의 소용돌이에서 살아남기!

따개비는 껍데기를 꼭 닫아 몸이 마르지 않게 보호해요.

말미잘은 촉수를 움츠려 감춰요.

다리, 목, 부리가 긴 섭금류

황새와 백로는 섭금류 중에서도 다리가 제일 길어요.

아프리카대머리황새

긴 다리로 먹이 찾기

황새와 백로는 민물과 연안 서식지에 살아요. 장대 같은 다리로 물을 헤치며 물고기나 게 같은 먹잇감을 찾아다녀요.

거인 새들

황새 중에서 제일 큰 아프리카대머리황새는 키가 약 150센티미터예요. 가장 큰 왜가리인 골리앗헤론은 약 152센티미터로 조금 더 크지요. 두 새 모두 아프리카 남부에 살아요.

골리앗헤론

습지에 사는 섭금류

- ✓ 황새
- ✓ 왜가리
- ✓ 저어새
- ✓ 두루미

87

'외양'도 서식지예요

육지와 멀리 떨어진 넓은 바다를 외양이라 해요.
외양도 서식지이지만 동물이 거의 살지 않아요.

밤에 찾아오는 물고기

청어나 고등어 떼는 밤이 되면 수면 가까이로 올라와 먹이를 먹어요.

앨버트로스

청어 떼

청새치

날렵한 포식자

청새리상어, 청새치, 그리고 청상아리는 먹이를 찾아 먼 거리를 다니며 바닷새와도 경쟁해요. 앨버트로스는 먹잇감을 낚기 위해 수심 7미터까지 잠수하기도 한답니다!

외양은 면적이 3억 6,000만 제곱킬로미터를 넘어요. 육지 면적의 2.5배이지요.

바닷속에 굴뚝이 있어요

해저에는 '열수 분출공'이라 불리는 굴뚝 모양의 구멍이 있어요.

바다의 굴뚝

열수 분출공에서는 지각 아래에서 가열된 엄청나게 뜨거운 물이 솟구쳐 나와요. 뜨거운 물 속에 녹아 있던 미네랄이 분출공 둘레에 가라앉으면서 점차 굴뚝 모양으로 쌓이지요. 세균들은 이 미네랄을 먹고 살아요.

뜨거운 물

엄청나게 큰 벌레

갈라파고스민고삐수염벌레는 열수 분출공 주변에 있는 세균을 먹고 살아요. 이 벌레는 최대 3미터까지 자라기도 해요.

열수 분출공

갈라파고스민고삐수염벌레

열수 분출공에서 뿜어져 나오는 물의 온도는 섭씨 400도까지 올라가요. 피자를 굽는 화덕 안만큼 뜨겁답니다!

딱딱한 골격을 지닌 산호초

산호초는 '폴립'이라 불리는 조그마한 생물체로 이루어져 있어요.
산호초는 폴립이 죽으며 남긴 딱딱한 석회질 외골격이 쌓이면서 커져요.

뿔산호
기둥산호
굴뚝해면
뇌산호
버블코랄

산호초의 형성 과정

1. 폴립은 열대 바다에 무리 지어 살아요.
2. 폴립이 죽으면 석회질 외골격이 남아요.
3. 외골격 층이 쌓이면서 산호초가 점점 더 커져요.

산호초의 모양은 가지각색이에요. 심지어 어떤 산호초는 뇌처럼 생겼어요!

그레이트배리어리프는 약 2,300킬로미터에 이르는 산호초 군락으로, 400종이 넘는 산호가 있어요.

흰동가리는 독침 속에서 살아요

아름다운 오렌지색, 하얀색, 검은색을 띠는 흰동가리가 포식자를 피하는 방법이지요.

말미잘

방어용 촉수

흰동가리는 종종 말미잘을 보금자리로 삼아요. 말미잘은 식물처럼 보이는 희한한 바닷속 동물이지요. 말미잘의 하늘거리는 촉수는 치명적인 독침이지만 흰동가리의 두꺼운 점액질 피부가 말미잘의 독을 막아 주어요.

서로서로 도와요

말미잘은 흰동가리에게 안전한 보금자리가 되어 줘요. 흰동가리는 그 보답으로 말미잘의 촉수를 청소해 주고 자신의 배설물로 말미잘에게 영양분을 공급한답니다.

비버는 놀라운 건축가예요

연못 한가운데에 나무로 멋진 굴집을 짓고 살지요.

비버는 밤에 제일 바빠요.

나무로 지은 집

비버는 나뭇조각으로 굴집을 지어 살아요. 날카로운 앞니로 나무가 쓰러질 때까지 밑동을 갉은 뒤 나무 몸통을 잘근잘근 쪼개서 굴집을 짓는 데 필요한 나뭇조각을 손수 만들지요.

비버 굴의 단면

댐과 굴

비버는 나뭇조각으로 개울이나 강을 막아 연못을 만들고, 더 많은 나뭇조각을 들여 굴을 지어요. 굴 입구는 포식자들의 눈을 피해 수면 아래에 내지요.

연못

댐

흰개미는
땅 위에 집을 지어요

흰개미는 아프리카, 오스트레일리아, 남아메리카의 더운 지역에서 거대한 무리를 이루고 사는데, 흙무더기를 탑처럼 쌓아 개미집을 지어요.

흰개미의 종류

생식형 개미는 왕개미와 여왕개미처럼 생식 기능을 갖춘 개미를 말해요. **일개미**는 개미집에 굴을 파고, 개미집을 고치고, 먹이와 물을 찾아다녀요. **병정개미**는 개미집을 지킨답니다.

흰개미는 2,000종이 넘어요.

흰개미는 몇백 년 동안 같은 개미집에 살아요.

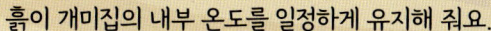

흙이 개미집의 내부 온도를 일정하게 유지해 줘요.

아파트를 짓는 새

베짜기새는 정교한 둥지를 짓는 것으로 유명해요. 어떤 종들은 수많은 가족이 들어갈 정도로 큰 집을 짓지요.

떼베짜기새는 새 가운데 둥지를 가장 크게 지어요.

거대한 건초 더미

떼베짜기새의 둥지는 나무 위에 쌓아 놓은 건초 더미처럼 생겼어요. 제일 큰 둥지에는 새 1쌍이 들어갈 수 있는 방이 100개도 넘게 있지요.

둥지 짜기 기술

베짜기새는 둥지를 함께 짓든 혼자 짓든, 하나같이 놀라운 둥지를 지어요.

1 풀 줄기나 가느다란 나뭇잎을 이용해서 고리 모양을 만들어요.

2 줄기들을 엮어서 둥지 모양을 잡아요.

3 둥지 바닥에 입구를 만들어요. 입구가 아주 좁기 때문에 뱀이나 그 밖에 다른 포식자들이 들어오지 못해요.

줄기를 팽팽하게 잡아당기는 베짜기새

베짜기개미는 실로 둥지를 엮어요

끈적끈적한 실로 엮어 만든 보금자리는 튼튼하지요.

최고의 협동심

어른 베짜기개미는 나뭇잎을 모아요.
그다음 서로 다리를 붙잡아 사슬처럼 연결하고
나뭇잎을 적절한 위치에 고정시켜요.
어른 베짜기개미는 실을 만들지 못하지만
애벌레의 입을 접착제를 짜듯
꾹 누르면 실이 나온답니다!

베짜기개미 한 무리는 50만 마리나 돼요.

베짜기개미는 아시아와 오스트레일리아의 열대 지방에 살아요.

베짜기개미는 무려 제 몸무게의 100배까지 떠받칠 수 있어요.

환상적인 둥지

흰머리수리가 절벽에 지은 가장 큰 둥지는 너비가 2.9미터에, 깊이는 6미터였어요.

꾀꼬리는 종종 야자나무 잎 아래에 둥지를 틀어요.

오스트레일리아에 사는 풀숲무덤새는 퇴비와 모래 더미를 모아 둥지를 만들어요. 이 둥지가 알을 따뜻하게 지켜 주지요.

중국 사람들은 금사연이라는 제비의 둥지로 '제비집 수프'를 만들어 먹는데, 금사연은 자기 침을 섞어 둥지를 만들어요.

흰매는 절벽에 지은 둥지를 대대로 쓰고 또 써요. 2,500년이나 된 둥지도 있답니다.

뻐꾸기는 다른 새의 둥지에 알을 낳아요. 그것도 자기를 길러 준 어미새와 같은 종의 둥지에요!

유럽벌잡이새는 강기슭에 굴을 파서 둥지를 만들어요.

파타고니아코뉴어는 절벽 구멍에 둥지를 만들고, 7만 마리나 되는 무리를 이루어 살기도 해요.

재봉새는 식물 섬유로 나뭇잎을 엮어 둥지를 지어요.

물닭

물닭은 갈대나 부들을 모아 물 위에 둥지를 지어요.

종이로 벌집을 만드는 말벌

말벌의 집은 예술 작품 같아요.

씹고, 뱉고, 만들고!

말벌은 식물의 줄기와 나뭇조각을 모아요.
이 식물성 재료를 침과 섞어 씹어서
종이 재질로 만들지요.

층층이 지은 집

말벌은 집을 꽃처럼 여러 겹으로 지어요.
벌집에는 알과 애벌레를 위한 방이 아주 많지요.

말벌은 확인된 것만 해도 3,000종이 넘어요.

지금까지 발견된 가장 큰 말벌의 벌집은 길이가 6.7미터였으며,
10만 마리 이상의 말벌이 살고 있었어요.

벌새 둥지는 호두만 해요

세계에서 제일 작은 둥지는 콩벌새의 둥지예요. 너비가 고작 2.5센티미터로, 호두 크기 정도랍니다!

컵 모양의 둥지

벌새 둥지는 수컷이 아니라 암컷이 지어요. 암컷 콩벌새는 거미줄, 나무껍질, 이끼 등을 이용해 둥지를 지은 후, 완두콩만큼 조그마한 알을 2개 낳아요.

호두

가장 큰 벌새

콩벌새보다 4배 정도 큰 자이언트벌새는 거미줄, 풀, 이끼로 둥지를 엮고, 부드러운 동물 털을 둥지 안쪽에 대요. 자이언트벌새의 둥지는 너비가 약 20센티미터예요.

거북은 이동식 집이 있어요

거북은 집을 등 위에 올리고 다녀요. 궂은 날씨와 위험을 피해야 할 때면 이 등딱지 안으로 쏙 숨지요.

대부분의 거북은 등딱지 속에 머리를 안전하게 숨길 수 있어요.

최초의 거북은 공룡이 살던 약 2억 1,000만 년 전에 나타났어요.

단단한 등딱지

거북의 등딱지는 뼈로 만들어져 있어요. 가장 바깥 등껍질은 우리의 손톱처럼 케라틴이라는 단백질로 이루어져 있지요.

장수거북은 세계에서 제일 큰 거북이에요.

거북의 껍데기 중 평평한 밑면은 배딱지라 해요.

소라게는 집을 빌려 써요

소라게는 다른 게처럼 딱딱한 껍데기가 없어요.
그래서 항상 다른 생물의 껍데기를 빌려 쓰지요.

우스꽝스러운 대용품들

펜 뚜껑
화분
음료수 캔
병뚜껑
낡은 인형 머리
장난감 찻잔

야자집게는 태어난 후 1년 동안은 소라게처럼 생활해요. 그러다 몸이 충분히 딱딱해지면 더 이상 남의 껍데기를 빌려 쓰지 않아요.

남의 집이 최고!

소라게는 매끈이고둥이나 다른 연체동물이 버리고 간 낡은 껍데기에 몸을 집어넣어요. 그러다 몸이 자라면 더 큰 껍데기로 이사해요.

더운 곳에 사는 동물들은 굴속에서 더위를 피해요

미어캣은 칼라하리 사막의 땅굴 속에 살아요. 땅굴에는 통로도 많고 입구도 여러 개이지요.

미어캣의 천적들

자칼
하이에나
코브라
독수리
벌꿀오소리
매

미어캣 무리

굴속에는 최대 40마리의 미어캣이 살아요. 먹이를 찾으러 굴 밖으로 나설 때, 미어캣 1마리는 굴을 떠나지 않고 망을 봐요. 조그마한 위험이라도 느껴지면 경고음을 내지요. 그러면 미어캣 무리는 앞다투어 땅굴로 돌아간답니다!

사막의 굴

사막쥐, 날쥐, 포켓고퍼, 오소리 등 사막에 사는 작은 포유류들도 땅속 굴에 살아요. 굴은 이 동물들을 뜨거운 태양과 포식자로부터 지켜 준답니다.

추운 곳에 사는 동물들은 굴속에서 추위를 피해요

레밍과 들다람쥐는 추운 툰드라에 사는데, 이곳 땅은 거의 1년 내내 얼어 있어요.

레밍

안전하고, 따뜻하고, 건조한 굴

설치류는 대개 땅굴을 파고 겨울잠을 자요. 또, 땅굴은 새끼를 낳을 안전하고 포근한 보금자리로 제격이지요.

땅속 생활

특히나 땅속 생활에 특화된 동물들이 있어요. 두더지는 시력이 나쁘지만 땅파기에 좋은 힘센 앞다리를 가졌어요. 두더지의 폐는 산소가 부족하고 이산화탄소가 많은 땅속 환경에도 잘 적응해요.

햄스터

땅굴 파기 선수들

땅돼지 토끼
마멋 페럿
우는토끼 아르마딜로
황금두더지 프레리도그
오소리 벌거숭이두더지쥐

오소리

아르마딜로

토끼
두더지

3. 움직임과 속성

제일 빠른 동물은 맹금류예요

송골매의 평균 하강 속도는 시속 322킬로미터예요. 시속 389킬로미터까지 급강하할 수도 있답니다!

검독수리의 평균 하강 속도는 시속 241킬로미터예요.

쌩쌩 나는 매

흰매는 송골매를 앞질러 날 수 있지만, 송골매만큼 빠르게 하강하지는 못해요. 송골매의 최고 비행 속도는 시속 110킬로미터이고, 흰매의 최고 비행 속도는 시속 145킬로미터예요. 야구 선수가 던지는 직구 속도와 비슷하지요!

수평 비행 속도

수평으로 가장 빨리 나는 집비둘기는 최고 비행 속도가 시속 177킬로미터에 달해요. 칼새는 시속 112킬로미터로 날아요.

집비둘기

치타보다 빨리 달리는 동물은 없어요

치타는 제일 빠른 육상 동물이에요. 단거리 최고 속도는 시속 120킬로미터에 달해요.

빠른 동물의 특징

- ✓ 길고 얇은 다리
- ✓ 힘센 근육
- ✓ 균형을 잡아 주는 긴 꼬리
- ✓ 거대한 심장
- ✓ 유연한 등뼈

패스트푸드

치타의 주식은 스프링복, 가젤, 영양이에요. 재빠른 사냥감을 쫓으려면 그만큼 빨라야겠지요!

경주용 발

치타의 발은 다른 고양잇과 동물과 달라요. 발바닥이 딱딱하고 발톱이 항상 밖으로 나와 있어서 안정감 있게 달릴 수 있지요.

치타는 달릴 때 한 걸음에 7미터 정도를 뛸 수 있어요!

경주마는 시속 70킬로미터로 내달려요

2008년도에 갱신된 2펄롱(약 402미터) 경마의 최고 기록은 시속 70.76킬로미터였어요. 2.4킬로미터 경마의 최고 기록은 시속 80.86킬로미터였답니다.

속도를 위한 교배

서러브레드는 경주 능력을 높이기 위해 개량된 대표적인 경마마 품종이에요. 이 말은 거리에 따라 속도를 조절하며 달려요.

보법에 따른 속도

평보 시속 6.4킬로미터

속보 시속 13~19킬로미터

구보 시속 19~24킬로미터

습보 시속 40~48킬로미터

아이슬란드 말은 걸음걸이가 특이해요

말이 걷거나 뛰는 방식을 '보법'이라고 해요.
말의 보법은 대개 4가지로 나뉘어요.
바로 평보, 속보, 구보, 습보이지요.

바이킹족은 800년 대에 처음으로 조랑말을 아이슬란드에 데리고 갔어요.

박자에 맞춰 움직여요

모든 보법에는 고유한 박자가 있는데, 말이 다리를 움직이는 방법에 따라 달라지지요. 속보와 습보는 2박자 걸음걸이예요. 대각선 위치에 있는 두 다리가 함께 움직이기 때문이에요.

아이슬란드식 보법

1. 툍트(Tölt)
평보보다는 빠르고 구보보다는 느리며 속보보다는 흔들림이 덜한 4박자 걸음걸이

2. 스케이드(skeið)
빠르고 흔들림이 거의 없는 짧은 보폭의 단거리용 2박자 걸음걸이

긴팔원숭이는 재주넘기 선수예요

특히 팔로 나무와 나무 사이를
뛰어넘는 솜씨가 으뜸이에요.

빠르게 움직이는 데에는 대가가 따라요! 대부분의 긴팔원숭이는 살면서 한 번쯤 팔이 부러진답니다.

날렵한 몸

빠르고 날렵한 긴팔원숭이는 15미터 떨어진 나무 사이를 최고 시속 55킬로미터로 넘나들 수 있어요. 팔이 길고, 어깨 관절이 360도 돌아가며, 기다란 손가락으로 뭐든 움켜쥘 수 있기 때문이에요. 게다가 어떤 유인원보다도 가볍고 작답니다.

시파카는 무용수처럼 훌쩍훌쩍 뛰어올라요

여우원숭이의 한 종류인 시파카는 대부분의 시간을 나무 위에서 보내요.

옆으로 뛰어가는 댄서

시파카는 나뭇가지에 매달려 이동하지 않고 옆으로 달리거나 위로 뛰어오르는데, 무려 10미터를 뛰어넘기도 해요. 만약 그보다 멀리 있는 나무로 옮겨 갈 때면 땅으로 내려가 앞다리로 균형을 잡고 뒷다리로 껑충껑충 뛰어가요. 마치 무용수 같은 모습이지요.

다른 여우원숭이들과 마찬가지로 시파카는 마다가스카르섬에만 살아요.

안타깝게도 시파카는 9종 모두 멸종 위기에 처해 있어요.

어기적어기적 두꺼비와 폴짝폴짝 개구리

두꺼비와 개구리를 구별하고 싶다면 움직이는 모습과 피부를 비교해 보세요.

두꺼비

개구리

개구리의 피부는 부드럽고 촉촉하지만, 두꺼비의 피부는 울퉁불퉁하고 건조해요.

짧은 다리? 긴 다리?

두꺼비의 뒷다리는 머리와 몸을 합친 길이보다 짧아요. 두꺼비는 보통 땅을 기어다니다가 가끔씩만 폴짝 뛰지요. 반면 개구리는 힘센 근육이 붙어 있는 긴 뒷다리로 멀리, 높게 뛴답니다.

물갈퀴가 있다? 없다?

일생 대부분을 물속이나 물가에서 보내는 개구리들은 뒷다리에 물갈퀴가 달려 있어서 수영을 잘해요. 반면 두꺼비는 대개 물갈퀴가 없어요.

오소리는 엄청 빠르게 땅을 파요

아메리카오소리는 다른 어떤 동물보다 빠르게 땅속에 터널을 뚫어요.

땅속 먹이

오소리의 땅파기 기술은 사냥할 때 빛을 발해요. 주로 야생 생쥐, 포켓고퍼, 들다람쥐같이 땅에 구멍을 파서 생활하는 설치류를 잡거든요. 물론 곤충이나 뱀, 새알, 꿀을 발견하면 그것도 입에 쏙! 넣겠지요.

오소리는 단단하고 굽은 발톱이 난 삽 모양의 앞발을 이용해 땅을 앞뒤로 파요. 오소리의 영어 이름인 'badger'는 '땅 파는 동물'이란 뜻의 프랑스어 'bêcheur'에서 유래했어요.

오소리는 시속 30킬로미터로 달릴 수 있어요. 보통의 성인 남자가 달리는 속도보다 2배나 빨라요.

최초로 하늘을 날았던 동물은 곤충이에요

날 수 있는 최초의 곤충은 4억 년 전에 등장했어요.
육상 곤충이 처음 나타나고 약 8,000만 년 뒤의 일이었지요.

메가네우라

괴물 잠자리

선사 시대의 잠자리 메가네우라는 날개 폭이 70센티미터가 넘어요. 3억 년 전쯤 살았으며, 다리에 난 가시털로 먹이를 가두고 잡아먹었어요.

모든 곤충이 날 수 있는 것은 아니에요. 개미는 대부분이 날지 못해요.

꽃의 힘

말벌, 꿀벌, 나비, 딱정벌레는 백악기 (1억 4,500만 년 전부터 6,600만 년 전까지)에 진화한 곤충으로, 모두 최초의 꽃식물과 함께 등장했어요.

파리   나비
말벌   꿀벌   딱정벌레

군대개미는 언제나 행군 중이에요

군대개미는 거대한 습격대를 내보내 먹이를 찾아요.

루퍼스모트모트

먹기 위한 행군

행군 중인 군대개미 한 무리의 규모는 길이가 100미터, 폭이 20미터에 이르기도 해요. 군대개미가 밀려들면 곤충, 거미, 지렁이 등 다른 동물들은 목숨을 걸고 도망치지요. 군대개미는 하루에 50만 마리의 생물을 해치우기도 한답니다.

루퍼스모트모트와 몇몇 새들은 군대개미 뒤를 따라다니며 군대개미가 헤집어 놓은 벌레를 족족 잡아먹어요.

무리 지어 먹잇감을 옮기는 개미

곤충 떼와 새 떼

일제히 함께 움직이는 곤충 떼는 영어로 'sworm'이라 하며, 새 떼는 'flock'이라고 해요.

무당벌레 떼는 보통 겨울이 오기 전에 나타나요.

찌르레기는 수천 마리가 떼를 지어 춤을 춰요.

찌르레기 떼는 해 질 녘에 공중 곡예를 펼쳐요. 급강하를 했다가 방향을 획획 바꾸며 춤을 추듯 날지요.

해파리

새우처럼 생긴 작은 갑각류, 크릴

크릴 떼는 주로 남극해에서 볼 수 있어요.

지구 온난화로 해파리 떼가 증가하고 있대요. 아이쿠!

청어 떼는 수천만 마리나 되기도 해요!

1875년에 12조 5,000억 마리의 메뚜기 떼가 미국 서부를 덮쳤어요. 이 무리는 캘리포니아주보다 더 넓은 지역을 차지했지요.

바퀴벌레는 짝짓기 시기면 무리 지어 다녀요. 다른 바퀴벌레가 남긴 화학적 흔적을 따라 함께 움직이는 것이지요.

북아메리카에서는 매년 40명 정도가 살인벌에 쏘여 목숨을 잃어요. 살인벌은 수만 마리가 모여 한 무리를 이루기도 하지요.

쥐가오리는 물속에서 날아요

가오리와 가장 가까운 종은 상어예요. 하지만 가오리는 몸이 납작한 다이아몬드 모양인 데다가 날개처럼 생긴 가슴지느러미가 있어서 상어와는 완전히 다르게 생겼어요.

쥐가오리의 머리에 달린 지느러미 1쌍은 뿔이나 귀처럼 보여요.

새처럼 헤엄쳐요

가오리는 가슴지느러미를 위아래로 펄럭이며 헤엄쳐요. 한 번 파닥일 때마다 물을 뒤로 밀어 내고 앞으로 힘차게 나아가지요. 이때 입을 크게 벌리면 헤엄치면서 플랑크톤을 빨아들일 수도 있어요.

물 밖으로!

쥐가오리와 몇몇 가오리 종은 물 밖에서 날기도 해요. 쥐가오리는 파도 위로 최대 2미터까지 뛰어올라 2초 넘게 공중에 떠 있답니다.

맹금류는 힘을 쓰지 않고 날아요

맹금류는 육식을 하는 사납고 커다란 새예요. 날개 한 번 퍼덕이지 않고 바람을 이용해 날지요!

흰머리수리

해리스매

상승 기류

맹금은 '상승 기류'도 곧잘 이용해요. 상승 기류란 산비탈, 절벽, 또는 큰 파도 같은 장애물에 밀려서 위쪽으로 부는 바람을 말해요.

열기포

따뜻한 공기는 위로 올라가기 마련이에요. 맹금은 상승하는 따뜻한 공기 덩어리, 즉 '열기포'를 이용해서 몸을 하늘 높이 띄우고, 열기포는 이 새들을 받쳐 주지요. 맹금은 날개를 쫙 펼치고 있긴 하지만 위아래로 펄럭일 필요가 없답니다!

물고기가 땅 위를 걷기도 해요

말뚝망둥어는 맹그로브 숲이나 해안 서식지에 살아요. 썰물일 때 물 밖에 남겨지면 지느러미로 '걸어' 다닌답니다!

말뚝망둥어는 피부가 촉촉할 때는 개구리처럼 피부로 숨 쉴 수 있어요.

땅 위의 물고기

맹그로브킬리피시는 물 밖에서 2달 넘게 지낼 수도 있어요. 주로 쓰러진 통나무 속에 숨어 사는데, 말뚝망둥어와 마찬가지로 피부로 숨을 쉬지요.

동남아시아의 워킹캣피시는 웅덩이가 마르면 지느러미로 몸을 꼬물꼬물 움직여 새로운 웅덩이나 늪을 찾아가요.

말뚝망둥어

뱀이 바다에서 헤엄쳐요

뱀은 모두 헤엄칠 수 있어요. 그런데 바다뱀은 아예 바닷속에 산답니다. 주로 열대 바다, 산호초 주변에서 발견되지요.

움직이는 방식

뱀은 땅을 기어 다닐 때와 똑같은 방식으로 헤엄쳐요. 양옆으로 알파벳 S 자를 그리며 몸을 움직이지요.

부리바다뱀의 독 3방울이면 사람 8명이 죽을 수도 있어요.

치명적인 독

바다뱀은 약 50종이 있는데, 모두 사냥감을 마비시킬 수 있는 독을 지니고 있어요. 넓은띠큰바다뱀의 독은 코브라의 독보다 10배 더 강해요.

넓은띠큰바다뱀

캥거루는 점프 선수예요

캥거루는 긴 뒷다리로 껑충껑충 뛰어다녀요.

최고의 점프 선수

캥거루 가운데 몸집이 가장 큰 레드캥거루는 가장 멀리 뛰거나 높이 뛰지는 못해요. 최고의 점프 선수는 동부회색캥거루로, 점프 한 번에 7.6미터를 나아가고, 1.8미터나 되는 높이에 이르러요.

오스트레일리아에는 사람보다 캥거루가 더 많아요.

캥거루는 점프할 때는 두 뒷다리를 함께 움직이고, 헤엄칠 때는 따로 움직여요.

캥거루는 무리 지어 다녀요. 한 무리가 100마리에 이르기도 한답니다.

벼룩은 제 키의 100배가 넘는 높이를 뛰어올라요

몸 크기를 고려한다면, 벼룩은 동물 왕국에서 점프 능력이 가장 뛰어나요. 한때 벼룩 서커스가 인기를 끌었을 정도이지요!

기생 동물

벼룩은 종류에 따라 고양이, 개, 또는 사람 같은 특정 숙주에게 기생하는 기생 동물이에요. 벼룩은 한동안 숙주의 피를 빨아 먹은 뒤 떠나는데, 새로운 숙주로 이동하기 위해 무려 1만 번이나 점프하기도 해요.

벼룩은 점프할 때 우주 로켓보다 더 빠르게 속도를 높일 수 있어요.

벼룩은 자기 몸무게의 15배나 많은 양의 피를 먹어요!

크로커다일은 전속력으로 달려요

크로커다일은 모든 종이 비슷하게 생겼지만 움직이는 모습은 조금 달라요.

다리를 쭉쭉 펴요

크로커다일과 앨리게이터는 보통 다리를 구부리고 낮은 자세로 걸어요. 하지만 몸집이 약간 작은 크로커다일 종은 다리를 펴고 몸통 전체를 땅에서 높게 들어 올린 채 걷지요.

전력 질주

다리를 펴고 움직이는 크로커다일은 먹잇감을 발견하면 껑충 도약한 후 전력으로 질주해요. 우선 앞다리를 동시에 내밀어 점프하면 뒷다리가 따라붙으면서 속도가 빨라져요.

재규어는 만능 사냥꾼이에요

중앙아메리카와 남아메리카에 사는 대형 고양잇과 동물인 재규어가 울창한 열대 우림 속에서 살아가려면 다양한 임기응변이 필요하지요.

숲에서는 살금살금

재규어는 숲에서 사냥할 때 소리가 나지 않도록 덤불 속을 살금살금 걸어요.

강에서는 첨벙첨벙

아마존강 유역에 사는 재규어는 강으로 내려가 물고기, 거북, 카이만을 잡아먹어요.

나무 위에서는 쉿!

재규어는 사냥감이 지나갈 때까지 나무 위에 엎드려서 기다려요.

코끼리, 하마, 코뿔소는 점프를 못해요

이 동물들의 발목은 커다란 몸을 공중으로 날릴 만큼 유연하지 않아요.

코끼리

코뿔소

하마

돌격!

코뿔소의 다리는 코끼리보다는 강해요. 코끼리는 시속 40킬로미터로, 코뿔소는 시속 50킬로미터로 돌진할 수 있지요.

코끼리는 달라요

대부분의 동물들이 그렇듯 코뿔소와 하마도 달릴 때면 다리 4개가 모두 땅에서 떨어져요. 하지만 코끼리는 그렇지 않아요.

야생 염소는 절벽에서 뛰어내려요

야생 염소인 아이벡스는 타고난 등반가여서 가파른 절벽을 오를 때도 쉽게 미끄러지지 않아요.

가끔 경쟁 상대인 아이벡스들끼리 박치기로 서로를 절벽 아래로 밀어 내려 해요!

산악 지대에서는 날아요

아이벡스는 절벽 꼭대기나 외딴 바위에서 옴짝달싹 못 하게 되면 멀리 점프해서 빠져나와요! 2미터가량을 뛰어오르고도 안전하게 착지한답니다.

남다른 아이벡스의 발

- ✓ 땅에 잘 달라붙는 발굽 바닥
- ✓ 쫙 벌어지는 갈라진 발굽
- ✓ 발끝에 달린 날카로운 발톱

짐을 끄는 동물들

북아프리카와 중동 지방의 사막을 오가는 상인들은 낙타로 짐을 날라요.

말은 4,200년 전부터 짐을 끌었던 것으로 추정돼요.

노새는 말과 당나귀의 교배 종이에요.

사람에게 포획되어 있는 코끼리가 아시아 남부 지역에서만 약 1만 6,000마리에 이르러요.

당나귀는 시속 5.6킬로미터로 느리지만 꾸준하게 짐을 끌고 가요. 사람이 걷는 속도와 비슷하지요.

많은 아시아코끼리가 나무를 운반하거나 관광객을 태워 주는 일에 이용되고 있어요.

중동에서는 낙타 경주와 살루키 개 경주가 유명해요.

1,688킬로미터를 달리는 세계에서 제일 긴 개 썰매 경주는 참가 팀들이 완주하는 데에 일주일에서 2주가 걸려요.

1300년대에 말리 제국의 황제 '만사 무사'가 성지 순례를 떠났을 때, 낙타 80마리가 황제의 재물을 날랐어요.

물소는 젖소보다 유지방이 더 풍부한 우유를 생산하고, 밭에서도 일할 수 있어요.

물소는 쓸모가 많아 아주 인기 있는 가축이에요.

혹멧돼지는 꼬리를 세우고 달려요

달릴 때면 꼬리 끝에 달린 술이 하늘을 향하도록 꼬리를 꼿꼿이 세우지요.

혹멧돼지가 꼬리를 세우는 이유는 아직 밝혀지지 않았어요. 최대 40마리까지 무리 지어 생활하는 혹멧돼지가 근처에 있는 혹멧돼지들에게 위험 신호를 보내는 것일 수도 있지요.

혹멧돼지는 다른 돼지보다 다리가 더 길어요. 시속 50킬로미터로 달릴 수도 있답니다.

에뮤는 뒷걸음치지 못해요

오스트레일리아에 사는 에뮤는 날지 못하는 커다란 새예요. 가까운 부류는 타조와 화식조이지요. 하지만 에뮤는 타조와 다르게 뒤로 걷지 못해요.

조심해요

뒷걸음질은 동물이 위협받고 있을 때 특히나 유용한 기술이에요. 에뮤가 뒷걸음칠 수 없는 이유는 아무도 몰라요. 에뮤는 위험할 때 날아서 도망칠 수도 없지요.

에뮤는 종아리 근육을 가진 유일한 조류예요.

오스트레일리아의 두 친구

오스트레일리아에 사는 캥거루 역시 뒤로 걷지 못해요. 캥거루는 넓은 발, 근육질 다리, 커다란 꼬리가 있어서 멀리 점프할 수 있지만, 바로 그 때문에 뒤로 걸을 수 없어요.

거거는 꿈쩍도 안 해요

대왕조개로도 알려진 거거 같은 몇몇 동물들은 어느 정도 자라면 더 이상 이동하지 않아요.

다 자란 따개비 역시 전혀 움직이지 않아요.

헤엄치는 꼬맹이

거거의 삶은 조금 복잡해요. 조그마한 유충으로 부화한 뒤 플랑크톤이 되어 바다를 누비며 살아가지요. 맨눈으로는 잘 보이지 않는 아주 작은 바다 동식물들과 뒤섞인 채 바닷물을 둥둥 부유해 다니는 거예요.

다 자란 거거

거거는 몇 가지 단계를 거쳐 성체가 되고 나면 산호초나 해저에 자리 잡고서 다시는 움직이지 않아요.

늘보로리스는 정말 느려요

눈이 커다란 영장류인 늘보로리스는 이름에서도 알 수 있듯이 매우 느려요. 위협을 느끼면 안전해질 때까지 몇 시간이고 움직이지 않지요.

늘보로리스는 작고 희귀한 동물이에요. 몸집이 제일 큰 늘보로리스는 몸무게가 약 2킬로그램 나가고, 제일 작은 늘보로리스는 고작 265그램이에요.

남몰래 돌아다녀요

늘보로리스는 동남아시아에 사는 야행성 사냥꾼이에요. 어떤 밤에는 몇 시간을 미동도 하지 않는가 하면, 8킬로미터나 움직이는 날도 있어요. 늘보로리스는 특이하게 뱀처럼 움직인답니다.

늘보로리스에게 물리면 독에 감염돼요!

대형 육지거북은 파충류 중 가장 느려요

갈라파고스땅거북은 시속 0.3킬로미터로 느긋하게 걸어요.

느리게 살아요

갈라파고스땅거북의 삶은 천천히 흘러가요. 태어난 지 25년이 되어서야 어른이 되고, 175년 넘게 살기도 하지요. 모든 파충류가 그렇듯이 갈라파고스땅거북도 스스로 체온을 조절할 수 없기 때문에 하루를 시작하며 몇 시간 동안 햇볕을 쬐면서 몸을 덥혀요.

또 다른 느림보들

멧도요는 제일 느린 조류로, 겨우 시속 8킬로미터로 날아다녀요. 정원달팽이는 1킬로미터를 움직이는 데 21시간이 넘게 걸려요.

지금의 파충류보다 빠른 공룡도 있었어요

턱수염도마뱀

오늘날 제일 빠른 파충류인 턱수염도마뱀은 시속 40킬로미터로, 그다음으로 빠른 이구아나는 시속 35킬로미터로 내달려요.

속도광 공룡

만약 턱수염도마뱀과 이구아나가 공룡과 같은 시대를 살았다면 시속 19킬로미터로 움직이는 티라노사우루스를 피해 도망칠 수 있었을 거예요. 하지만 오르니토미무스나 갈리미무스보다는 빨리 달리지 못했을 거예요. 타조와 닮은 이 공룡들은 시속 70킬로미터로 거침없이 달렸거든요!

오르니토미무스

날렵한 사냥꾼

벨로키랍토르라는 이름은 '날렵한 도둑'이라는 뜻이에요. 이 포악한 포식자는 단거리를 시속 60킬로미터로 질주하기도 했답니다.

갈리미무스

길앞잡이는 제일 빠른 곤충이에요

오스트레일리아에 서식하는 길앞잡이는 시속 6.8킬로미터로 달려요. 1초에 자기 몸길이의 171배에 맞먹는 거리를 움직이는 셈이랍니다.

치타는 1초에 자기 몸길이의 16배를 움직여요. 세계에서 제일 빠른 사람인 우사인 볼트는 초당 단거리를 뛸 때 몸길이의 6배 거리를 뛰지요.

놀랍도록 빠른 벌레

몸길이를 고려했을 때 제일 빠른 육상 동물은 놀랍게도 진드기에요. 미국 캘리포니아주 남부에서 1초에 제 몸길이의 322배를 움직이는 진드기가 발견되기도 했지요. 진드기는 곤충류가 아니라 거미류에 속해요.

타조는 달리기 선수예요!

타조는 가장 빠른 육상 조류로, 시속 70~90킬로미터로 달려요. 그레이하운드(개)만큼 빠른 속도지요.

잘 달리는 이유

- ✓ 마찰을 적게 받는 2개의 발가락
- ✓ 발굽 모양의 커다란 발톱
- ✓ 강하고 긴 다리
- ✓ 상대를 죽일 수도 있는 센 발차기

아프리카 생활

타조는 아프리카 사바나와 사막 지역에 퍼져 살아요. 사자, 표범, 치타의 서식지와 타조의 서식지가 겹치지요. 그래서 타조는 빨리 달려야만 해요!

타조와 제일 가까운 종은 레아, 에뮤, 화식조예요. 레아는 최고 시속 64킬로미터로, 화식조는 최고 시속 50킬로미터로 달리지요.

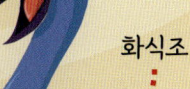

화식조

물 위를 달리는 도마뱀이 있어요

바실리스크도마뱀은 중앙아메리카의 열대 우림에 서식해요. 물 위로 뻗은 나무에서 많은 시간을 보내지요.

도망치는 법

바실리스크도마뱀은 위협을 받으면 나무에서 뛰어내려 물 위를 내달린답니다!

소금쟁이는요

너무 가벼워서 물 위를 걸을 수도 있고, 물 위에 떠 있을 수도 있어요.

주름진 발

바실리스크도마뱀은 뒷발에 긴 발가락이 달려 있고, 발가락 끝에는 자잘한 주름이 나 있어요. 달릴 때면 이 주름이 펴지면서 순간적으로 공기 방울이 만들어지고, 이 공기 덕분에 바실리스크도마뱀은 물 아래로 가라앉지 않아요.

도마뱀붙이는 천장에서도 자유자재로 움직여요

게코! 게코! 독특한 울음소리 때문에 영어로는 'gecko'라는 이름이 붙여졌어요.

도마뱀붙이는 유리창이든 벽이든 어디에나 잘 달라붙는 매달리기 선수예요.

몸집이 가장 작은 도마뱀붙이는 길이가 2센티미터도 안 돼요.

가장 큰 도마뱀붙이는 몸길이가 60센티미터는 돼요.

비장의 카드? 비장의 털!

도마뱀붙이는 발바닥에 현미경으로만 보이는 수백만 가닥의 털이 나 있어요. 각각의 털은 갈고리 모양으로 미세하게 갈라져 있어서 어떤 표면이든 잘 달라붙지요.

도마뱀붙이는 1,000종이 넘어요.

지렁이에게도 털이 있어요

지렁이의 몸은 매끈해 보이지만, 현미경으로 살펴보면 빳빳한 털이 몸마디마다 빼곡히 나 있어요.

지렁이의 천적

새
두꺼비
두더지
딱정벌레
뱀
여우

세계에서 제일 긴 지렁이는 남아프리카에서 발견됐어요. 길이가 무려 6.7미터였답니다!

꿈틀꿈틀

지렁이는 몸 아래쪽에 난 털로 땅을 디디고서 근육을 늘였다 줄이면서 꿈틀꿈틀 움직여요.

달팽이의 점액은 화장품 재료로 자주 쓰여요.

달팽이는 점액 위를 미끄러지듯 기어가요

발이 하나!

달팽이는 1개의 넓적한 근육질 발을 가진 '복족류'예요. 복족류는 연체동물의 한 갈래로, 배에 다리가 달려 있지요. 달팽이는 이 발로 점액 위를 미끄러지듯 기어가는데, 점액은 입 바로 아래에 있는 분비선에서 만들어져요.

신기한 점액

달팽이의 점액은 95퍼센트 이상이 물이지만, 몇 가지 놀라운 성분이 들어 있어서 달팽이가 표면에 잘 붙게 해 주고, 몸이 마르지 않게 막아 준답니다.

달팽이는 점액을 만드는 데 힘을 많이 써요.

아주 작은 비행사

뒤영벌은 공중에 떠 있기 위해 1초에 200번씩 날개를 쳐요.

뒤영벌

바퀴벌레는 날개가 있지만 잘 사용하지 않아요. 대신 빨빨 기어다니지요.

나비는 체온이 29.5도쯤 되어야 날 수 있어요.

공작나비

파리는 2쌍의 날개를 따로 움직일 수 있어요.

집파리

암컷 겨울나방은 날개가 너무 작아서 날지 못해요. 수컷 겨울나방만 날 수 있지요.

머릿니는 1분에 23센티미터를 움직일 수 있어요. 1시간이면 아파트 5층 높이만큼 움직이지요.

동물의 똥에 자주 모여드는 똥파리는 시속 9킬로미터 정도로 돌아다녀요.

똥파리

머릿니는 게와 새우와 같은 갑각류로, 마디가 있는 다리가 7쌍 달려 있어요.

좀은 날개가 없는 곤충이에요. 꼼지락거리면 물고기처럼 보이기도 하지요.

꼬리박각시는 1초에 약 80번씩 날갯짓을 해요. 벌새만큼 빠른 속도예요.

좀

141

해달은 삼삼오오 모여서 지내요

해달은 태평양 북부와 동부 해안에 살아요. 특이하게도 자는 동안 먼바다로 떠밀려 가지 않기 위해 해초를 이용하지요.

해초로 만든 닻

해달은 해초로 자기 몸을 묶어요. 해저에 뿌리를 내린 해초는 해달이 떠내려 가지 않게 막아 주지요.

돌멩이 사용법

해달은 해초를 둘러 물에 뜬 채 자유자재로 손을 써요. 돌멩이를 꼭 쥐고서 전복이나 조개를 깨뜨려 먹는답니다.

펭귄은 날개를 지느러미처럼 사용해요

펭귄은 새이지만 많은 시간을 바다에서 헤엄치며 보내요. 그래서인지 펭귄의 날개는 지느러미 모양으로 진화했어요.

마카로니펭귄

펭귄은 몸 크기에 비해 강한 날개를 가지고 있지만, 전혀 날지 못해요. 대신 노처럼 생긴 넓적한 날개를 이용해 물살을 가르고 헤엄치지요.

남쪽에 살아요

펭귄은 18종이 있어요. 갈라파고스펭귄을 제외한 모든 종이 남반구에 살아요.

갈라파고스펭귄

갑오징어는 추진력이 엄청나요

갑오징어는 문어, 오징어와 가까운 종이에요.
대개는 느리지만 가끔 빠른 속도로 헤엄쳐요.

세찬 물줄기

갑오징어는 상어나 다른 위험 요소를 감지하면 물을 한껏 빨아들였다가 빠르게 뿜어내는 힘을 이용한 '제트 추진'으로 헤엄쳐요. 또한 뭉게구름 같은 먹물을 발사해서 천적의 시야를 가린답니다.

장완흉상어

상자해파리

갑오징어

해파리 역시 물속에서 높은 추진력으로 움직여요.

갑오징어는 초록색 피와 3개의 심장을 가졌어요!

갑오징어는 물의 저항을 줄이기 위해 촉수를 늘어뜨려 몸을 유선형으로 유지해요.

가리비는 껍데기를 손뼉 치듯 여닫으며 헤엄쳐요

하지만 아주 빠르거나 아주 멀리 움직이는 못해요.

가리비는 햄버거보다도 커질 수 있어요. 껍데기 너비가 23센티미터에 이르기도 하지요!

가리비는 좌우가 대칭인 2개의 껍데기를 가지고 있는 조개로, 이매패류에 속해요.

딱! 딱!

가리비는 2개의 껍데기를 연결하는 근육에 힘을 줬다가 풀면서 껍데기를 여닫아요. 이때 껍데기 사이에서 뿜어지는 물을 이용한 힘으로 앞으로 나아간답니다.

가리비의 껍데기 안쪽에는 좁쌀만 한 눈이 최대 200개까지 달려 있어요. 이 눈으로 빛과 어둠을 구분해요.

위대한 여행길

사막메뚜기는 대서양을 건너 4,500킬로미터를 이동한 적도 있어요.

북극제비갈매기는 1년에 약 7만 1,000킬로미터를 날아 북극과 남극을 오간답니다.

큰뒷부리도요는 한 번에 가장 멀리 나는 새예요. 쉬지 않고 뉴질랜드에서 알래스카까지 날아간답니다.

100만 마리가 넘는 누 떼가 해마다 탄자니아와 케냐를 오가요. 이 여행을 '세렝게티 대이동'이라 부르지요.

가젤 약 50만 마리와 얼룩말 약 30만 마리도 세렝게티 대이동에 함께해요.

참다랑어는
1만 500킬로미터를 헤엄쳐
알을 낳으러 가요.

동물 플랑크톤 떼는
위아래로 움직이며
매일 915미터
정도를 헤엄쳐
다녀요.

크리스마스섬에 사는
1억 2,000만 마리의 홍게는
우기가 되면 알을 낳기 위해
숲을 떠나 해변으로
이동해요.

과일박쥐는
매년 2,000킬로미터를
날아가 잠비아의
카산카 국립 공원에서
과일을 먹어요.

닭새우는 겨울이 되면 긴 행렬을
이루어 깊은 바다로 내려가요. 한 번에
최대 50킬로미터를 이동하지요.

코끼리물범은 매해 2번씩
한 번에 2만 1,000킬로미터를
옮겨 다녀요.

혹등고래는 극지방과 열대 지방을 오가요

혹등고래는 매년 최소 8,500킬로미터를 이동해요.

북방과 남방

- ✓ 혹등고래는 자신의 서식지 안에서만 움직이기 때문에 적도를 넘지 않아요.
- ✓ 북방 혹등고래는 6월부터 9월까지 여름을 보내요.
- ✓ 남방 혹등고래는 12월부터 3월까지 여름을 보내요.

고래의 한 해

혹등고래는 극지방 바다에서 크릴새우, 물고기, 오징어 등을 실컷 먹으며 여름을 보내요. 덕분에 지방층이 최대 9톤에 이를 정도로 두툼해지지요. 겨울이 되면 혹등고래는 열대 지방의 바다로 이동해 짝짓기를 하고 새끼를 낳아요.

순록은 가장 멀리 걸어가요

매해 먹이를 찾아 2,000여 킬로미터를 걸으니 삶의 대부분을 걸으며 보내는 셈이지요.

여름 카펫

북극 지방인 툰드라는 여름이 되면 작은 풀과 이끼로 뒤덮여요. 순록은 5월에 이곳에 도착하여 새끼를 낳고 7월까지 머물러요. 그런 다음 남쪽으로 내려가 목초지에서 겨울을 나요.

툰드라의 위험 요소

- ✓ 회색늑대
- ✓ 흡혈 곤충
- ✓ 북극곰

알래스카에는 약 75만 마리의 순록이 살아요.

순록은 코끝이 털로 덮여 있어서 눈 속에서도 먹이를 잘 찾아요.

제왕나비의 경이로운 날갯짓

제왕나비는 추운 겨울을 나기 위해 엄청나게 긴 거리를 날아요. 수명이 다해 죽으면 다음 세대가 다시 목적지를 향해 난답니다. 아주 신비롭지요!

제왕나비는 오렌지색과 검은색이 섞인 날개로 자기에게 독이 있다고 경고해요!

제왕나비의 한살이

알에서 나온 제왕나비 애벌레는 잎을 갉아 먹으며 조금씩 자라요. 여러 번 허물을 벗은 후 번데기가 되지요. 2주가 지나면 나비로 '탈바꿈'하는데, 6주 정도밖에 살지 못해요.

이동하는 제왕나비

여름이 끝날 무렵 성체로 자라난 제왕나비는 바로 짝짓기를 하지 않아요. 먹이를 실컷 먹은 후 남쪽으로 날아가 미국 캘리포니아주와 멕시코의 소나무 숲에서 겨울을 보내고, 봄이 되어 북쪽으로 올라온 후에 짝짓기를 한답니다!

장수거북은 장거리 수영 선수예요

인도네시아에서 추적 장치를 달고 출발한 장수거북 하나가 미국에서 발견되었어요. 647일 만에 2만 558킬로미터를 헤엄쳐서 태평양을 건넌 거예요!

태평양과 대서양

장수거북은 태평양과 대서양에서 살고 있어요. 태평양에 사는 장수거북은 미국 캘리포니아주 바다에서 해파리를 먹으며 여름을 보내요. 그리고 동남아시아 해변에서 알을 낳지요. 대서양에 사는 장수거북은 캐나다 동쪽 바다에서 먹이를 먹고, 카리브해 해변에서 알을 낳아요.

킹사이즈

장수거북은 바다거북 가운데 가장 커요. 무려 900킬로그램까지 나가지요. 게다가 몸길이는 킹사이즈 침대보다 더 길답니다.

거센 물살을 마주하는 연어

가수 강산에는 1998년에 <거꾸로 강을 거슬러 오르는 저 힘찬 연어들처럼>이라는 노래를 발표했어요. 연어의 삶은 노랫말이 될 정도로 신비롭답니다.

근육질 몸

연어는 지느러미 힘이 세고 근육의 탄력성이 높아요. 그 덕분에 강을 거슬러 오를 뿐 아니라 작은 폭포를 뛰어오르기도 하지요.

귀향 본능

연어는 강에서 태어나지만, 어느 정도 자라면 바다로 나가 몇 년을 살다가 생식 기능을 갖추면 강으로 돌아와 알을 낳아요. 연어는 이 여정을 거치며 체력을 모두 써 버려서 금방 죽고 말아요.

뱀장어는 6,000킬로미터나 되는 먼 거리를 이동해요

장거리 여행 중에 육지가 나와도
쏙 미끄러지듯 가로질러 가지요!

또 다른 귀향 본능

바다에서 태어난 뱀장어 유생은
연필만 한 크기의 실뱀장어가 되면
강과 개울로 떠나요. 그 후 5~12년이
지나면 뱀장어는 다시 바다로
돌아가 새끼를 낳지요.

끈적끈적, 반짝반짝

뱀장어의 질긴 피부는
점액으로 덮여 있어서 새로운
서식지를 찾아갈 때 육지도
지나갈 수 있어요. 바닷속에서는
몸을 감추기 위해 어두운
몸 색깔을 은빛으로 바꾼답니다.

4. 감각 기관과 의사소통

상어는 눈꺼풀이 하나 더 있어요

상어는 제3의 눈꺼풀인 '순막'을 가지고 있어요. 사냥하거나 공격받을 때 순막을 닫아 눈을 보호하지요.

청상아리

투명한 눈꺼풀

순막은 투명하기 때문에 상어는 순막을 감고도 앞을 볼 수 있어요. 순막은 다른 2개의 눈꺼풀처럼 위아래로 닫히지 않고 눈을 가로질러 옆으로 움직여요.

눈알 굴리기

백상아리는 순막이 없어요. 그래서 먹잇감을 공격할 때 눈이 다치지 않도록 눈알을 뒤로 굴려요.

백상아리

수리

순막을 지닌 동물

| 개구리 | 새 | 낙타 |
| 바다사자 | 악어 | 고양이 |

뱀은 눈꺼풀이 없어요

눈꺼풀이 없는 대신 특별한 '안경'을 쓰지요!

비늘 한 꺼풀

뱀은 눈이 투명한 비늘로 덮여 있어요. 이 비늘은 눈이 마르거나 상처 입지 않게 보호해 줘요.

뱀은 눈을 깜박일 수 없어서 잘 때도 눈을 뜨고 있어요.

허물 벗기

뱀은 머리부터 발끝까지 허물을 벗어요. 허물을 벗을 때가 되면 눈을 덮은 비늘도 뿌옇게 변해요.

물고기 역시 눈꺼풀이 없어요.

잠자리는 눈이 벌집 모양이에요

잠자리의 눈은 3만 개의 '홑눈'으로 이루어진 '겹눈'이에요.
홑눈에는 수정체와 빛을 감지하는 세포가 있지요.

벌집 모양의 홑눈을 가진 곤충은 무척 많아요.
그중 잠자리와 벌은 가장 많은 홑눈을
가지고 있지요. 두 곤충의 겹눈은 헬멧처럼
머리 주변을 둘러싸고 있어서
거의 360도로 볼 수 있어요!

무지갯빛 시야

우리 눈에는 빨간빛, 파란빛, 초록빛에 반응하는
단백질이 있어요. 우리는 이 3가지 색을 조합해
세상을 바라보지요. 그런데 어떤 잠자리 종은
자외선을 포함해 최대 30가지 색을 본답니다!

밤에 사냥하는 잠자리는 낮에 활동하는 잠자리보다 볼 수 있는 색이 적어요.

어떤 동물은 세상을 흑백으로 보아요

빛을 감지하는 시각 세포를 한 종류만 가진 동물은 세상을 흰색, 회색, 검은색으로만 볼 수 있어요.

올빼미원숭이

야간 시력

야행성이거나 어두운 곳에 사는 동물이 사물을 볼 때는 색보다 형태와 움직임이 훨씬 더 중요해요.

바다코끼리

무채색 세상

올빼미원숭이와 라쿤은 세상을 흑백으로 보는 야행성 동물이에요. 상어, 가오리, 물범, 바다사자, 바다코끼리는 바다가 회색으로 보여요.

뱀은 적외선을 감지해요

사람은 적외선을 볼 수 없지만 뱀은 볼 수 있어요.

열 감지 능력

방울뱀, 보아, 살무사 그리고 그 밖에 다른 뱀들은 먹잇감이 뿜어내는 체열을 느낄 수 있어요. 눈이 아닌 콧구멍 옆에 있는 '피트 기관'으로 주변의 열을 감지하지요. 이 놀라운 능력 덕분에 뱀은 목표물을 정확하게 공격할 수 있어요.

끈질긴 추격꾼

뱀은 심지어 동물 발자국에 남아 있는 체열까지도 감지해요. 야간 투시경이나 열화상 카메라를 지니고 사는 셈이에요!

적외선을 감지하는 동물들

- ✓ 모기
- ✓ 피라냐
- ✓ 금붕어

많은 곤충이 자외선을 보아요

자외선은 사람 눈에는 보이지 않는 태양 광선이에요.

비밀 메시지

많은 꽃이 곤충의 몸에 묻어 여기저기 퍼진 꽃가루로
번식하는데, 곤충을 더 많이 끌어들이기 위해
꿀이 있는 중심부에 자외선을 반사시켜요.
이 표시가 활주로 불빛처럼 곤충을 인도하지요!

사람이 보는 꽃
(자외선이 안 보여요.)

벌이 보는 꽃
(자외선이 보여요.)

짝꿍 찾기

깃털과 날개 위에 자외선으로만 보이는
문양이 그려진 새와 나비도 있어요.
우리는 그 문양을 볼 수 없지만
짝짓기 상대들은 볼 수 있어요!

달팽이의 눈은 눈자루에 달려 있어요

눈자루에는 시각 신경이 모여 있지요.

눈

감각 기능이 있는 촉각

달팽이는 2쌍의 촉각을 가지고 있어요. 긴 1쌍은 눈자루라 불리는데, 이 눈자루 끝에 눈이 달려 있지요. 짧은 촉각 1쌍에는 후각 기관이 달려 있어요. 달팽이는 촉각을 이리저리 흔들어 냄새를 맡고 앞을 보지요.

달팽이는 위험을 느끼면 촉각을 오그리고 등 껍데기 속으로 숨어요.

후각 기관

마술 같은 재생 능력

미스터리스네일은 포식자가 눈자루를 베어 먹어도 다시 눈이 다시 자라나요.

동굴어는 입으로 항해해요

동굴어는 지하수나 동굴에 사는 물고기예요.
눈이 퇴화해 앞을 볼 수 없지만 장애물을 잘 피해 다녀요.

눈 대신 입

어두컴컴한 서식지에 사는 동굴어는
수백만 년 넘게 시력이 필요 없었어요.
눈 대신 입으로 길을 찾아다니는데,
물을 빨아들였다가 뿜으면서 생긴
파동으로 물체 간의 거리를 파악하지요.

동굴어

동굴에 사는 눈먼 동물

- ✓ 장님굴새우
- ✓ 장님거미
- ✓ 동굴게
- ✓ 텍사스장님도롱뇽
- ✓ 동굴애송장벌레

동굴게

동굴게는 인도네시아에 있는 술라웨시섬의 동굴에서만 서식해요.

두더지는 눈이 거의 보이지 않아요

두더지의 작디작은 눈은
빛과 어둠 정도만 구별해요.

땅속 세상

두더지는 커다란 앞발로 땅굴을 파며 일생을 땅속에서 보내요. 거의 보이지 않지만 뛰어난 촉각, 후각, 청각으로 주변을 살피고 느끼며 살아가지요.

털이 없는 두더지?

벌거숭이두더지쥐는 두더지도 쥐도 아니에요. 오히려 기니피그에 가까운 설치류이지요. 벌거숭이두더지쥐는 많게는 300마리가 모여 무리 생활을 하며, 두더지처럼 눈이 거의 보이지 않아요.

벌거숭이두더지쥐

두더지

지렁이는 눈과 귀가 없어요

지렁이에게 제일 중요한 감각은 촉감이에요.

민감한 몸

지렁이의 몸은 신경 말단과 감각 기관으로 덮여 있어요. 촉각 기관인 신경 말단은 주변의 다양한 질감을 감지하고 진동을 파악하지요. 감각 기관으로는 냄새를 맡고 맛을 느껴요.

지렁이는 약 6,000종이 있어요.

죽음의 태양

지렁이는 피부가 마르면 죽기 때문에 햇빛을 피해 다녀요. 눈이 없지만 빛을 느낄 수는 있지요.

곤충의 감각

수컷 옥색긴꼬리산누에나방은 더듬이로 11킬로미터 밖에서 나는 암컷의 냄새도 맡아요.

나비는 애벌레일 때는 눈이 거의 안 보여요. 나비 애벌레의 홑눈은 빛과 어둠만 감지하기 때문이에요.

불나방은 박쥐의 초음파를 들을 수 있을 뿐만 아니라 교란시킬 수도 있어요. 박쥐가 물체의 위치를 파악하려고 내보낸 초음파와 비슷한 초음파를 발사해서 박쥐를 헷갈리게 하지요.

벌은 후각이 탁월해요. 심지어 냄새로 폭발물과 마약을 찾아내도록 훈련시킬 수도 있어요.

사마귀

사마귀는 양쪽 눈을 동시에 사용해 먹잇감의 위치를 정확하게 파악해요.

땅벌

파리는 발 전체에 감각을 느끼는 털이 나 있어요. 어떤 대상 위를 걸으면 그 대상의 맛을 느낄 수 있답니다!

비단벌레는 다리에 있는 적외선 감지 기관을 이용해 산불이 난 곳을 찾아가요. 포식자가 모두 도망가고 나면 불탄 나무 안에 알을 낳지요.

왕풍뎅이는 더듬이 끝을 부채처럼 펼쳐서 공기 중에 퍼진 화학 신호를 더 많이 받아들여요.

귀뚜라미

귀뚜라미의 작은 귀는 우리의 상상을 뛰어넘는 곳에 있어요. 바로 무릎 아래에 있답니다!

개미의 후각 수용체는 약 400개예요. 그 어느 곤충보다도 많지요. 초파리의 후각 수용체는 모두 61개예요.

귀상어는 머리가 망치 모양이에요

특이하게 생겼지만 나름의 장점이 있지요.

모든 걸 볼 수 있어요

귀상어는 눈이 머리 양옆에 달려 있어서 사방을 다 볼 수 있어요. 두 눈이 가깝게 붙어 있는 상어보다 시야가 훨씬 넓지요.

귀상어는 헤엄칠 때 머리를 좌우로 움직여요.

좋아하는 먹잇감
- ✓ 노랑가오리
- ✓ 문어
- ✓ 오징어
- ✓ 상어
- ✓ 고등어
- ✓ 게

귀상어의 크기는 개체에 따라 90센티미터부터 6미터까지 다양해요.

부엉이는 시야가 무척 넓어요

다른 새와 달리 눈이 앞을 향해 있는 데다 눈구멍에 폭 싸여 있지요.

사방을 둘러보아요

부엉이는 눈을 움직이거나 회전시킬 수 없지만, 사방을 다 둘러볼 수 있어요. 부엉이는 머리를 좌우로는 270도, 위아래로는 90도로 돌릴 수 있기 때문이에요!

쌍안경

앞을 향해 있는 눈 덕분에 부엉이는 양안시, 그러니까 물체를 양쪽 눈으로 동시에 보는 능력이 뛰어나요. 부엉이는 높이, 너비, 깊이를 파악해 물체를 3차원으로 볼 수 있으며, 거리도 정확히 가늠할 수 있어요.

콜로살오징어는 동물 중 눈이 제일 커요

또한 제일 큰 무척추동물이랍니다.

콜로살오징어는 15미터 이상 자라는 대형 동물이지만, 대서양의 깊은 바다에서 먹잇감을 사냥하며 살기 때문에 쉽게 발견되지 않아요.

조심해!

향유고래는 콜로살오징어와 대왕오징어를 사냥해요.

향유고래

접시만 한 눈!

콜로살오징어의 눈은 각각 너비가 30센티미터로, 커다란 접시만 해요. 사촌인 대왕오징어는 눈 너비가 약 25센티미터로, 농구공만 하고요.

안경원숭이는 포유류 중에서 눈이 제일 커요

몸 크기에 비하면 제일 크다는 거예요!

귀여운 안경

안경원숭이는 몸은 다람쥐만 한데, 각 눈의 너비는 16밀리미터나 돼요. 마치 안경을 쓴 것처럼 보이지요.

야간 시력

눈은 클수록 빛을 많이 받아들여요. 야행성인 안경원숭이의 눈이 큰 이유이지요. 이 작은 영장류는 동남아시아의 열대 우림에 살면서 작은 새나 곤충, 박쥐, 도마뱀, 그리고 뱀을 잡아먹어요.

안경원숭이는 눈 한쪽이 뇌보다 더 무거워요.

고양이의 눈에는 거울이 들어 있어요

야행성 포식자들이 그렇듯
고양이도 어둠 속에서 자유롭게 움직여요.

반짝반짝

고양이는 눈 뒷부분에 거울처럼 반응하는 세포층이 있어요.
이 세포층의 이름은 '휘판'으로, '밝은 막'이라는 뜻이지요.
휘판은 눈을 통과한 빛은 무엇이든지 반사시켜서 고양이가
어둠 속에서도 길을 알아볼 수 있게 도와줘요.

카메라에 찍혀요

휘판을 확인하고 싶다면 카메라 플래시를 켜고 고양이의 사진을 찍어 보세요. 사진 속 고양이의 눈이 빛나는 것처럼 보일 거예요. 눈이 카메라 플래시를 반사시키기 때문이지요.

거미의 눈은 대개 8개예요

거미의 약 99퍼센트는 4쌍의 눈이 있어요.

왕방울만 한 눈

깡충거미 같은 주행성 동물은 밤에 활동하는 거미보다 시력이 좋아요. 깡충거미는 머리 앞에 달린 거대한 눈으로 물체의 모양과 색깔을 감지하지요.

먹잇감 탐지기

거미의 두 눈은 대개 머리 양쪽에 하나씩 달려 있어요. 그 외에 다른 눈들은 빛, 어둠 그리고 움직임을 감지하는 단순한 신체 기관에 불과하지요.

눈이 없는 거미도 있고, 눈이 6쌍인 거미도 있어요.

코가 별 모양인 두더지도 있어요

바로 별코두더지예요!

슈퍼스타 코

땅속에 사는 별코두더지는 눈이 거의 보이지 않아요. 하지만 코가 나쁜 시력을 대신해 준답니다. 별처럼 뾰족하게 튀어나온 22개의 예민한 돌기가 코를 둘러싸고 있거든요.

킁킁! 쩝쩝!

별코두더지의 별 모양 돌기는 곤충과 지렁이 같은 무척추동물의 냄새를 잘 맡아요. 별코두더지는 땅속에서도 냄새를 맡을 수 있고, 심지어 물속을 헤엄치며 물고기와 가재도 잡아먹는답니다.

키위는 후각이 뛰어나요

뉴질랜드에 사는 새, 키위는 냄새로 지렁이와 작은 갑각류를 찾아내지요.

부리로 콕콕!

키위는 초원에 살지만 해변에서 사냥하기도 해요. 긴 부리를 수풀이나 모래 속에 넣고, 부리 끝에 있는 콧구멍으로 냄새를 맡으며 먹이를 찾지요.

키위는 날개가 없기 때문에 땅 위에 둥지를 틀어요.

몸 크기에 비해서 후각 기관이 키위보다 더 큰 새는 콘도르뿐이에요.

백상아리는 5킬로미터 밖의 피 냄새도 맡아요

그만큼 무시무시한 상어이지요.

백상아리는 뇌의 3분의 2를 냄새를 맡는 데 사용해요.

백상아리는 100만 개의 물방울에 떨어진 한 방울의 피 냄새도 감지할 수 있어요.

상어는 감각 기관으로 보고, 듣고, 맡고, 맛보고, 압력을 느낄 뿐만 아니라 전기 신호도 감지한답니다.

먹이를 찾는 방법

바닷물은 백상아리의 콧구멍으로 밀려 들어가 냄새를 퍼뜨려요. 바닷물에서 먹잇감의 냄새가, 특히 상처 입었거나 허약한 동물의 냄새가 난다면 상어는 바로 먹잇감을 향해 돌진한답니다.

백상아리는 후각을 이용해 짝짓기 상대도 찾고, 길도 찾아요.

코끼리는 코로 여러 가지 일을 해요

코끼리의 기다란 코에는 콧구멍 2개가 있는데, 단순히 냄새만 맡는 신체 기관은 아니에요!

코끼리 코의 묘기

- ✓ 냄새 맡기
- ✓ 숨쉬기
- ✓ 물건 꽉 잡기
- ✓ 물 쏘기
- ✓ 먹이 먹기
- ✓ 무거운 것 옮기기
- ✓ 스노클링
- ✓ 천둥 감지
- ✓ 쓰다듬기
- ✓ 찰싹 때리기

풍부한 후각 수용체

코끼리는 개보다 냄새에 더 민감해요. 코끼리의 후각 수용체는 약 2,000개로, 개보다 2배 많고, 사람보다 5배 더 많아요.

특이한 감각

폭풍이 언제 불지 예측하는 동물도 있어요. 야생 양과 염소처럼 자주 사냥당하는 동물들은 이런 감각이 특히 발달돼 있어요.

날쥐는 큰 귀 덕분에 청력이 발달했어요. 또한 큰 귀로 체열을 내보내서 몸을 시원하게 유지해요.

도마뱀은 대개 정수리에 빛에 민감한 '제3의 눈'이 있어요.

박쥐는 음파를 탐지할 수 있어요. 초음파를 쏜 후 메아리가 돌아오는 데 얼마나 걸리는지 확인해 주변에 무엇이 있는지, 얼마나 떨어져 있는지 알아낸답니다.

개는 보호자의 몸에 일어나는 화학적 변화를 냄새로 알아차려 질병을 감지하기도 해요.

바다소는 몸 곳곳에 수염이 나 있어요

바다소인 매너티와 듀공의 몸은 촉감에 예민한 털로 덮여 있어요.

감각모

매너티는 촉감에 예민한 털이 얼굴에 2,000개, 몸에 3,000개 정도 나 있어요. 이 '감각모'들은 뇌로 신호를 보내는 신경 섬유, 감각 수용체와 연결돼 있지요.

만지고 느껴요

매너티는 얼굴의 감각모로 해초와 조류 같은 먹잇감을 만져 보고 파악해요. 몸의 감각모로는 자신이 어디에 있는지를 알지요.

물범의 수염은 엄청 예민해요

물범, 바다사자, 바다코끼리는 어두컴컴한 물속에서 수염을 이용해 먹잇감을 뒤쫓아요.

물범은 수염을 움직이는 근육이 발달돼 있어 감각을 더 잘 느낄 수 있어요.

물고기가 지나간 자리

물고기는 물을 휘저으며 헤엄치기 때문에 지나간 뒤면 수면에 흔적이 남기 마련이에요.

흔적을 쫓아요

물범은 수염으로 180미터 떨어진 곳에 생긴 물고기의 움직임도 감지해요. 심지어 흔적을 남긴 물고기의 크기와 모양까지 예상할 수 있답니다!

꿀벌은 춤으로 대화해요

꿀벌 사회에서 일벌은 이리저리 날아다니며 꿀을 찾는 임무를 띠어요. 좋은 꽃밭을 발견하면 다시 벌집으로 날아가 '8자 춤'을 추어 다른 벌들에게 알려 주지요.

8자 춤

1 꿀벌은 꾸불꾸불한 선을 그리며 걸어요. 그 선의 각도가 태양을 기준으로 먹이가 어디 있는지 알려 줘요.

2 그다음에는 원을 그리며 선의 시작점으로 돌아가요.

3 꿀벌은 다시 꼬리를 좌우로 흔들며 직선으로 걷는데, 몸을 오래 흔들수록 꿀이 멀리 있다는 뜻이에요.

4 이어 다른 쪽 방향으로 원을 그리며 시작점으로 돌아가 춤을 반복해요.

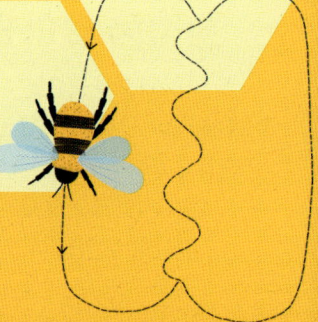

청개구리는 발을 굴러요

시끄러운 열대 우림에 사는 빨간눈청개구리는 진동으로 의사소통해요.

흔들어요!

빨간눈청개구리는 자신의 영역을 침범한 개구리에게 경고할 때면 뒷다리로 나뭇가지를 흔들어 진동을 만들어 내요. 짝짓기 상대를 유혹할 때도 진동을 보낸답니다.

올챙이 때부터 남달라요

빨간눈청개구리는 태어나기 전부터 진동을 느낄 수 있어요. 만약 뱀이 가까이 다가오면, 올챙이는 예정보다 일찍 알에서 나와 안전한 곳으로 피하지요.

메뚜기쥐는 늑대처럼 울어요

이 조그마한 설치류는 사납고 시끄러운 사냥꾼이지요.

울부짖는 늑대

메뚜기쥐는 뒷다리로 서서 하늘을 향해 울부짖으며 자신의 세력권을 알려요. 마치 달을 보며 울부짖는 늑대처럼요!

메뚜기쥐의 울음소리는 휘파람 소리와 비슷해요. 그 소리를 느리게 재생하면 늑대가 울부짖는 소리처럼 들리지요.

생쥐는 냄새로 다른 생쥐와 의사소통해요.

늑대는 달을 향해 길게 울부짖어요

긴 울음소리가 의사소통 수단이지요.

늑대의 울음은 16킬로미터 밖에서도 들려요.

늑대 무리는 종종 합창단처럼 함께 울부짖어요.

늑대가 우는 법

야행성인 늑대는 밤에 가장 활발하게 의사소통해요. 소리를 더 멀리 전달하기 위해 얼굴을 위로 치켜들곤 하는데, 마치 하늘을 향해 울부짖는 것처럼 보이지요.

늑대는 종마다 고유한 억양의 울음소리를 내요.

고래의 노래는 끊임없이 바뀌어요

혹등고래는 놀라운 노랫소리로 유명해요.

고래의 메들리

혹등고래는 수컷만 노래를 불러요. 특이하게도 같은 구역에 있는 수컷 혹등고래들은 똑같은 노래를 부르지요. 종종 다른 구역의 혹등고래에게 들은 노래로 바꿔 부르기도 하고요.

혹등고래는 30~8,000헤르츠의 음역대로 노래를 불러요.

인간은 85~255헤르츠의 음역대로 말해요.

멀리 전달되는 낮은 소리

혹등고래가 내는 가장 낮은 소리는 물속에서 1만 6,000킬로미터 넘게 퍼져 나가기도 해요.

돌고래는 휘파람 소리를 내요

끽끽거리는 휘파람 소리뿐 아니라 딸깍거리는 소리도 내지요.

소리로 길을 찾아요

돌고래는 의사소통을 하려고 딸깍거리는 소리를 내는 게 아니에요. 딸깍 소리가 물체에 부딪혀 튕겨 나오는 음파를 감지해 주변 환경을 파악해요.

나만의 휘파람 소리

돌고래마다 자신만의 독특한 휘파람 소리를 내기 때문에 휘파람 소리만으로도 서로를 알아보아요.

돌고래는 접촉과 몸짓으로도 의사소통해요.

휘파람 소리의 의미

- ✓ "여기 물고기가 정말 많아!"
- ✓ "근처에 상어가 있어. 조심해!"
- ✓ "엄마, 길을 잃었어요!"

반딧불이는 빛으로 신호를 보내요

스스로 꽁무니를 밝힐 수 있는 딱정벌레거든요.

짝을 찾는 신호

반딧불이는 짝짓기 상대를 찾을 때 불빛을 반짝여요. 여름 저녁에 큰 무리의 반딧불이를 만나면 멋진 광경을 볼 수 있지요.

반딧불이는 2,000종이 넘어요.

반짝이는 유충

반딧불이 유충도 빛을 만들어요. 자신은 그다지 맛이 없으니 가만두라고 포식자에게 경고하는 것이랍니다.

생물체가 스스로 빛을 내는 현상을 '생물 발광'이라고 해요.

황소처럼 우는 개구리가 있어요

황소개구리는 시끄러운 울음소리에서 비롯된 이름이에요.

개구리 합창단

수컷 황소개구리는 번식기인 초여름이 되면 매우 시끄러워져요. 다른 수컷들을 겁줄 뿐 아니라 암컷의 관심을 끌기 위해서 연못이나 호수에 자리 잡고 우렁차게 울어 제 노랫소리를 뽐낸답니다.

우렁찬 소리꾼

100데시벨이 넘는 황소개구리의 울음소리는 전기톱 소리보다 더 시끄러워요. 청개구리의 한 종류인 코키는 몸집은 황소개구리의 4분의 1만 한데, 전기톱만큼 시끄러운 소리를 내며 울어요.

황소개구리 1마리는 햄스터 4마리만큼 무거워요.

포식자를 쫓아내요

쏠배감펭은 갈기 같은 지느러미가 달려 있어 영어로 'lion fish'라고 불려요. 이렇게 긴 지느러미 덕분에 제 몸집보다 커 보이지요.

독이 없는 밀크뱀은 맹독성 산호뱀과 같은 빨간색, 검은색, 노란색을 띠고 있어 독이 있는 뱀으로 위장해요.

뿔도마뱀은 포식자를 쫓아내기 위해 괴상한 방법을 써요. 포식자를 향해 피 눈물을 발사하는 거예요!

러프 스킨뉴트는 포식자를 만나면 오렌지색 배를 드러내요. 동물의 강렬한 피부색은 대개 독이 있다는 신호거든요.

갯민숭달팽이는 독침으로 자기 몸을 지켜요. 또한 밝은 피부색으로 독이 있다고 포식자에게 경고하지요.

나비고기

호아친의 별명은 '스컹크 새'예요. 소똥 같은 냄새를 풍겨서 포식자가 공격을 그만두게 만들어요.

'눈꼴 무늬'는 큰 생물체의 눈처럼 보이는 커다란 점으로, 동물 몸에서 흔히 발견되어요.

어치는 맹금류의 울음소리를 흉내 낼 수 있어요. 이렇게 하면 다른 포식자들이 겁을 먹고 어치의 둥지에서 멀리 달아나지요.

폭탄먼지벌레는 상대를 가리지 않고 폭발성 화학 물질을 뿌려요. 펑!

스컹크는 항문으로 지독한 악취가 나는 황금색 액체를 뿜어내 포식자들을 쫓아내요.

문어는 몸이 빨개져요

또 다른 색으로 변할 수도 있고요.

색깔의 비밀

1. 문어는 기분에 따라 피부색이 바뀌어요. 짜증 나면 피부가 빨개지지요!

2. 문어는 눈에 띄지 않고 싶을 때는 주변 환경에 맞춰 피부색을 바꾸어요.

3. 문어는 위협적으로 보이기 위해 몸의 다양한 부분을 진한 색으로 바꿀 수 있어요.

숨바꼭질

문어는 뼈가 없어서 몸이 굉장히 유연해요. 포식자에게 쫓기면 좁은 틈새를 비집고 들어가 숨어 버릴 수 있지요.

꽃등에는 벌인 척해요

말벌처럼 노란색과 검은색 무늬를 띠고 있거든요.

말벌

눈에 잘 띄는 옷

말벌의 노란색과 검은색 털은 경고의 의미를 담고 있어요. 매서운 침을 몸에 지니고 있으니 피하라고 알려 주는 것이지요.

꽃등에

위장술

꽃등에도 검은색과 노란색을 띠는 건 마찬가지예요. 침이 없는데도 말이지요. 꽃등에를 말벌이라고 착각한 포식자는 벌침에 찔릴까 봐 두려워 공격하지 않아요.

191

목도리도마뱀은 목주름을 활짝 펼쳐요

몸이 더 커 보이게 하기 위한 작전이랍니다!

방어용 목도리

목도리도마뱀은 목에 주름 잡힌 비늘막이 있어서 목도리를 두른 것처럼 보여요. 위협을 받으면 이 주름을 활짝 펴고 쉬익 하는 소리를 내지요. 하지만 이렇게 과시적인 행동이 상대에게 통하지 않으면 제일 가까운 나무 위로 도망친답니다.

목도리도마뱀은 90센티미터까지도 자라요.

목도리도마뱀은 알에서 부화할 때부터 어른 목도리도마뱀과 비슷한 모습이에요. '목도리'도 제대로 달고 있고요!

집을 좋아해요

목도리도마뱀은 작은 도마뱀이나 설치류 같은 먹잇감을 잡을 때가 아니면 대부분 나무에서 지내요.

복어는 풍선처럼 부풀어 올라요

위협을 받으면 몸을 부풀려서
뾰족뾰족한 가시를 드러내지요.

다양한 생김새

약 120종의 복어 가운데 평범한 물고기처럼 생긴 종은 하나도 없어요.
몇몇 종은 작은 정육면체 또는 피라미드처럼 생겼지요.
복어가 몸을 부풀릴 때 마시는 물은 자기 몸무게의 4배에 이르기도 해요.

위험한 음식

복어는 치명적인 독소를 가지고 있지만, 일부
지역에서는 쫀득한 육질 때문에 별미로 꼽혀요.
숙련된 요리사가 복어의 독소를 최대한
없애 우리가 먹을 수 있게 만들어 주지요!

모기는 윙윙거리며 짝짓기 상대의 관심을 끌어요

모기의 윙윙대는 소리는 여러분을 물어뜯겠다는 경고음이 아니에요! 짝을 찾아가는 소리지요.

조화로운 날갯짓

윙윙대는 소리는 모기의 날갯짓으로 만들어져요. 모기는 초당 최대 600번씩 날갯짓을 하다가 수컷과 암컷이 만나면 속도를 맞춰 똑같은 윙윙 소리를 만들어 낸답니다.

위험한 킬러

수컷 모기는 꿀이나 과일즙을 먹고 살지만 암컷 모기는 알에 영양분을 공급하기 위해 피를 빨아 먹어요. 암컷 모기에게 물리면 치명적인 병에 걸릴 수도 있지요.

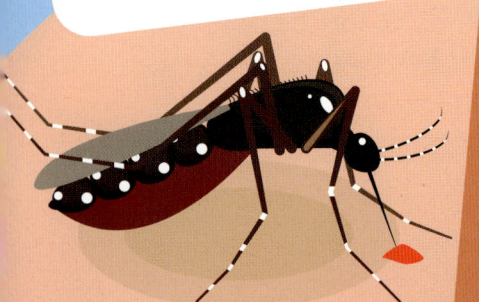

모기가 옮기는 질병

- ✓ 말라리아
- ✓ 황열
- ✓ 뎅기열
- ✓ 뇌염

바우어새는 쓰레기를 모아요

바우어새는 노래도 못 부르고,
춤도 출 줄 모르지만
예술적인 감각이 뛰어나요.

아름다운 집

1. 바우어새는 잔가지와 풀잎을 엮어 약 1미터의 둥지를 지어요.

2. 둥지 진입로에는 이끼를 깔아요.

3. 잡동사니를 색깔별로 모아 둥지 주변을 꾸며요.

예술 재료

- 꽃
- 과일
- 딱정벌레 껍데기
- 유리 조각
- 플라스틱 장난감

현란한 과시 행동

수컷 공작새는 태어난 지 3년이 되면 화려한 꼬리 깃털이 자라기 시작해요.

수컷 구피는 암컷의 관심을 끌기 위해 꼬리를 휙휙 휘두르며 춤을 춰요.

수컷 공작거미는 배에 있는 현란한 무늬를 암컷에게 보여 줘요. 꼭 공작새가 파란색과 초록색 꼬리를 뽐내는 것처럼요!

몇몇 수컷 거미는 실크로 포장한 먹이를 선물해 암컷의 마음을 얻으려 해요.

두루미는 짝을 지어 함께 춤을 춰요.

수컷 극락조는 춤을 추며 화려한 깃털을 뽐내요.

수컷 군함조는 목 아래에 물에 뜨는 커다란 선홍색 울음주머니가 달려 있어요. 이 울음주머니가 부풀어 오르면 암컷 군함조의 눈길을 끌 수 있지요!

두건물범은 코 밑에 분홍색 주머니가 달려 있어요. 이 '코 주머니'를 부풀려서 암컷의 관심을 끌지요.

수사슴은 암컷을 유혹하기 위해 우렁찬 울음소리를 내요. 또한 덤불을 지나다니며 뿔에 식물을 둘러서 몸집이 더 커 보이게 한답니다.

수컷 하마와 산미치광이는 암컷에게 오줌을 마구 싸서 관심을 끌어요.

꼬리감는원숭이는 거짓말을 해요

양치기 소년처럼 가끔 가짜로 경고음을 내지요.

순서대로 먹어요

꼬리감는원숭이는 맛있는 먹이가 생기면 무리에서 서열이 가장 높은 개체부터 먹어요.

거짓말쟁이

먹는 순서를 기다리는 다른 원숭이들은 종종 속임수를 써요. 포식자가 근처에 있다고 알려 주는 딸꾹질 소리를 내거든요! 서열이 높은 원숭이들이 이 경고음을 듣고 달아나 있는 동안 속임수를 쓴 원숭이들은 재빨리 먹이를 챙겨요.

꼬리감는원숭이는 몸보다 긴 꼬리를 손가락처럼 써 나뭇가지에 둘둘 감을 수 있어요.

짖는원숭이는 제일 시끄러운 원숭이예요

울음소리가 울창한 산림을 뚫고 5킬로미터 밖까지 퍼지지요.

세력권을 알려요

짖는원숭이는 남아메리카에서 제일 큰 원숭이로, 최대 20마리의 무리를 이루고 살아요. 무리마다 자신의 영역을 지키며 사는데, 수컷들은 이 세력권을 지키기 위해 긴 울음소리를 내지요.

으뜸가는 고함 소리

짖는원숭이는 고함원숭이라고도 불려요. 울음소리가 128데시벨에 달하는 세상에서 제일 시끄러운 육상 동물이지요. 하루의 시작과 끝에 유난히 더 시끄러워요.

짖는원숭이의 꼬리는 최대 92센티미터로, 머리와 몸을 합친 길이만 해요.

흉내지빠귀는 흉내쟁이예요

흉내지빠귀의 구애 방법은 이름 속에 들어 있답니다. 다른 동물의 울음소리를 '흉내' 내는 것이지요.

성대모사

수컷 흉내지빠귀는 다른 새들의 노랫소리를 따라 할 수 있어요. 사람들의 귀에는 정말 다른 새의 노랫소리처럼 들려요. 하지만 암컷 흉내지빠귀는 수컷의 노랫소리라는 것을 알아차린답니다.

흉내지빠귀는 150개가 넘는 노래를 배울 수 있어요.

흉내지빠귀는 개구리와 개, 그리고 요란한 사물 소리도 따라 할 수 있어요.

노래 부자

암컷 흉내지빠귀는 제일 많은 노래를 부르는 수컷을 선택해요. 수많은 울음소리를 터득하려면 상당히 오랜 시간이 걸리기 때문에 노래를 많이 알수록 성숙한 수컷일 가능성이 커요.

카카포는 목소리가 매우 커요

앵무새 가운데 가장 시끄럽지요.

온갖 암컷을 다 불러요!

암컷 카카포의 관심을 끌려는 수컷 카카포의 낮은 울음소리는 무려 5킬로미터까지 퍼져 나가요. 수컷 카카포는 윙윙거리는 소리를 더 크게, 더 멀리 보내기 위해서 작은 밥그릇 모양으로 땅을 파고 그 한가운데에 서서 운답니다!

멸종 위기

뉴질랜드에 사는 카카포는 천적이 없었던 탓에 비행 능력을 잃어버리고 개와 다른 외래종의 손쉬운 먹잇감이 되었어요. 오늘날 카카포는 200여 마리밖에 남지 않았어요.

사람처럼 웃는 새가 있어요

오스트레일리아에는 웃음물총새의 웃음소리에 관한 유명한 노래도 있어요.

킬킬대는 소리

웃음물총새는 새벽과 해 질 녘에 길고 요란하게 킬킬거리는 소리를 내요. 수많은 새들에게 자신의 세력권을 알리는 소리이지요. 가족에게 적이 어디 있는지 알려 줄 때는 짧은 웃음소리를 내요.

빠른 응답

웃음물총새는 다른 웃음물총새의 웃음소리가 들려오면, 그것이 녹음된 소리일지라도 웃음소리로 답할 거예요.

바다코끼리는 휘파람을 불어요

컹컹대는 소리, 그르렁거리는 소리, 울부짖는 소리, 목쉰 소리, 그리고 혀 차는 소리도 내지요!

특별한 소리

바다코끼리는 가까운 종인 물범과 바다사자처럼 짖으면서 대화해요. 번식기가 되면 수컷 바다코끼리는 울음소리를 더 많이 내지요. 대부분의 소리는 성대에서 만들어지지만 목구멍에 있는 공기주머니에서 으스스한 종소리가 나기도 한답니다.

유용한 엄니

바다코끼리는 1미터까지 자라는 엄니를 이용해 얼음 바닥을 디디기도 하고, 경쟁자와 싸우기도 해요.

거대한 바다코끼리는 몸무게가 1.5톤까지 나가요.

범고래는 상어보다 더 무시무시해요

상어와 범고래는 모두 바닷속 상위 포식자예요.

5. 친구와 적

범고래의 뇌는 백상아리의 뇌보다 200배 가까이 더 무거워요.

최고의 사냥꾼

상위 포식자는 먹이 사슬의 가장 꼭대기에 위치해요. 사납기로 유명한 상어는 대부분 혼자서 사냥해요. 반면 범고래는 늑대처럼 집단을 이루어 사냥해요.

바닷가 산책

영특한 범고래는 새끼 물범을 잡기 위해 일부러 바닷가로 떠밀려 와요. 사냥을 마친 뒤에는 다시 파도에 실려 바다로 돌아가지요.

곰은 제일 큰 육상 포식자예요

특히 북극곰과 알래스카불곰은 덩치가 무척 크지요.

불곰

고기를 먹어요

곰은 뭐든지 먹어 치워요! 불곰은 초여름이 되면 연어로 만찬을 벌이고, 북극곰은 물범, 새, 물고기를 사냥하지요. 두 곰 모두 쥐부터 순록까지 각종 포유류도 사냥한답니다.

채소를 먹어요

불곰은 육식도 하지만 대개는 풀, 과일, 곤충, 그리고 뿌리를 먹고 살아요. 북극곰도 종종 포도와 다래 같은 열매나 해초를 먹어요.

북극곰

고리무늬물범

블랙맘바에게 물리면 살아남기 힘들어요

블랙맘바는 입안까지 검은색인 무서운 독사이지요.

사람이 블랙맘바에게 물리면 20분 만에 죽을 수도 있어요.

재빠른 독사

블랙맘바는 단거리를 달리는 속도가 시속 20킬로미터에 달해요.

식사 메뉴

블랙맘바는 갈라고(영장류의 한 종류), 박쥐, 닭 그리고 다른 뱀들을 사냥하며 아프리카 사하라 사막 남쪽에 있는 초원과 삼림에 주로 서식하고 있답니다.

가분살모사는 뱀 가운데
송곳니가 가장 길어요

또한 가장 많은 독을 뿜어내지요.

송곳니 공격

가분살모사의 송곳니 길이는 약 5센티미터예요. 송곳니가 사냥감의 살을 뚫고 들어가면 티스푼으로 서너 숟가락의 독이 들어가기도 하지요. 가분살모사는 숲 바닥에 엎드려 숨어 있다가 지나가는 새나 포유동물에 달려드는 잠복 사냥을 즐겨 해요.

무거워요!

가분살모사는 길이가 2미터까지 자라고, 몸무게는 10킬로그램 이상 나갈 수 있어요. 세계에서 제일 무거운 독사이지요.

제일 큰 고둥은 바닷속 벌레를 먹고 살아요

호주트럼펫고둥은 기이하고 뻣뻣한 털이 나 있는 바닷속 벌레를 사냥해요.

날카로운 이빨

이 괴상한 연체동물은 오스트레일리아 북쪽 바다와 동남아시아의 바다에 살아요. 특수한 감각 기관을 흔들어서 냄새로 바닷속 벌레를 찾아낸 후, 귀에 거슬리는 소리가 나는 날카로운 이빨로 벌레의 살을 물어뜯어요.

엄청나게 큰 고둥

호주트럼펫고둥은 무게가 18킬로그램까지 나가요. 91센티미터까지 자라는 껍데기는 수집가들 사이에서 인기가 높지요.

해파리는 올가미로 사냥감을 잡아요

해파리의 긴 촉수는 사냥에 큰 역할을 하지요.

독침 발사

해파리는 촉수 표면에 있는 '쏘기 세포'를 발사해서 플랑크톤, 갑각류, 그리고 작은 물고기 들을 잡아먹어요. 이 쏘기 세포에는 사냥감을 마비시키는 독침이 들어 있어요.

독침 도둑

갯민숭달팽이는 해파리를 먹이로 삼을 뿐 아니라 해파리의 독침까지 가져가요. 해파리가 독침을 발사하지 못하도록 해파리의 몸에 점액을 바른 뒤 독침을 자기 몸통에 있는 주머니로 옮겨 가지요. 갯민숭달팽이는 공격을 당하면 이 독침을 쏠 수도 있답니다!

어떤 뱀은 먹이를 꺼안아서 죽여요

뱀이라고 모두 독으로 먹이를 죽이지는 않아요.
어떤 뱀들은 먹이를 둘둘 감아서 질식시켜요.

아프리카비단뱀

강력한 압박

보아와 비단뱀처럼 먹이를 졸라서 죽이는 뱀을 '콘스트릭터'라 불러요. 이 뱀들은 세계에서 가장 큰 뱀이기 때문에 조르는 힘이 아주 강하답니다.

대표적인 콘스트릭터

아나콘다	227킬로그램
그물무늬비단뱀	160킬로그램
아프리카비단뱀	90킬로그램
버마왕뱀	90킬로그램
인도왕뱀	90킬로그램

아나콘다

왕도마뱀은 먹이를 물어서 죽여요

육식 동물인 코모도왕도마뱀은 자기보다 작은 동족을 잡아먹기도 해요.

우람한 몸집

호랑이와 비슷한 길이의 코모도왕도마뱀은 도마뱀 가운데 가장 큰 몸집을 자랑해요. 길이는 3미터에, 몸무게는 100킬로미터까지 자라지요.

코모도왕도마뱀이라는 이름은 이 도마뱀이 사는 인도네시아 섬의 이름에서 따왔어요.

킬러 도마뱀

코모도왕도마뱀은 보통 썩은 고기를 먹어요. 하지만 물소, 사슴, 돼지, 원숭이처럼 큰 먹잇감을 죽이기도 해요. 심지어 사람까지도요! 코모도왕도마뱀은 무는 힘은 그리 강하지 않지만, 독이 분비되는 톱니 같은 이빨을 가지고 있어요.

잠복 포식자

문짝거미는 굴 입구에 거미줄과 흙으로 만든 문을 달아 두고 문 안쪽에서 곤충, 개구리, 생쥐 같은 먹잇감을 기다리다가 갑자기 문을 열고 나타나 습격해요.

유럽노란꼬리전갈은 굴 입구 근처에서 쥐며느리를 공격해요.

늑대거북은 진흙 속에 가만히 숨어 있다가 먹이가 다가오면 재빨리 머리를 내밀어 먹잇감의 목덜미를 물어요.

게거미는 꽃 사이에서 보호색을 띠고 숨어 있다가 사냥감을 잡아요.

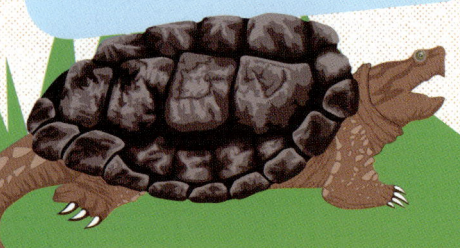

교활한 쿠거는 키가 작은 나무에 몸을 숨긴 채 먹잇감을 따라가다가 덮쳐요.

밝은색의 산호로 위장한 쏨뱅이는 먹이가 다가오면 맹독을 쏘아 상대를 마비시켜요.

그루퍼는 두툼한 입술이 달린 입으로 지나가는 먹잇감을 빨아들여요.

검목상어는 잠복하고 있다가 자기보다 큰 먹잇감을 공격해요. 먹이를 물어서 쿠키만 한 살점을 뜯어내기 때문에 '쿠키커터상어'라고도 불려요.

어떤 갯가재는 초속 2.3미터나 되는 빠른 속도로 먹잇감에 달려들어요.

카멜레온은 잠복의 귀재예요. 갈색, 초록색, 파란색, 주황색 등 피부색을 다양하게 바꿀 수 있지요.

앨리게이터는 수면에서 몸을 일으켜 공격하기 전까지는 둥둥 떠 있는 통나무처럼 보여요.

스피너상어는 나선형을 그리며 사냥해요

물고기 떼는 위협을 받으면 다닥다닥 한데 모여 공처럼 뭉쳐요. 그래도 스피너상어는 사냥을 멈추지 않아요.

나선형 공격

스피너상어는 물고기를 한곳으로 모은 뒤 그사이를 나선형으로 뚫고 올라가는데, 너무 빠르게 회전한 나머지 수면 밖까지 솟아오른답니다!

진환도상어는 모여 있는 물고기들을 후려쳐서 기절시켜요.

아프리카들개는 사자보다 더 뛰어난 사냥꾼이에요

사자의 사냥 성공률은 30퍼센트밖에 되지 않지만,
아프리카들개는 80퍼센트나 성공하지요!

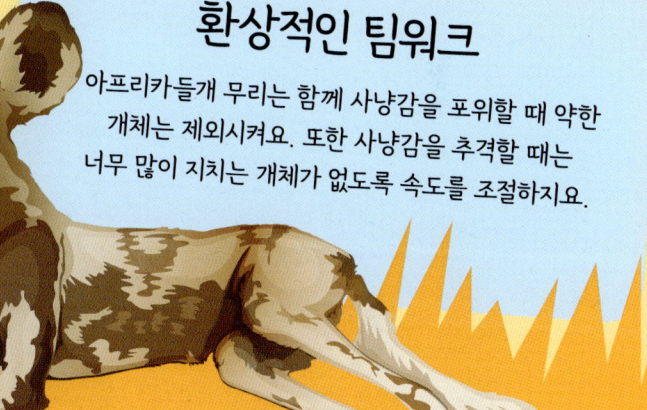

환상적인 팀워크

아프리카들개 무리는 함께 사냥감을 포위할 때 약한 개체는 제외시켜요. 또한 사냥감을 추격할 때는 너무 많이 지치는 개체가 없도록 속도를 조절하지요.

순서를 지켜요

아프리카들개는 20마리 이상 무리 지어 생활해요.
서열이 제일 높은 암수 1쌍이 우두머리인데,
먹이는 어린 개체들이 먼저 먹어요.

표범은 먹이 저장실을 관리해요

대부분의 대형 고양잇과 동물처럼 표범도 홀로 사냥해요.

주로 밤에 활동하는 표범은 물속을 헤엄치고, 땅을 달리고, 나무를 기어오를 줄 아는 만능선수예요. 딱정벌레부터 아기 기린까지 온갖 크기의 먹이를 먹는데, 동물의 사체를 나무 위에 걸어 두고 며칠 동안 해치우지요.

잠복 사냥꾼

표범은 장미 무늬 털 덕분에 사냥감에 몰래 접근해도 쉽게 눈에 띄지 않아요.

수컷 표범은 180킬로그램의 먹잇감을 나무 위로 끌어 올릴 수 있어요. 자기 몸무게의 3배나 되는 무게이지요.

하이에나는 찌꺼기를 먹어요

하이에나는 사자가 먹다 남긴 고기를 먹는 것으로 유명해요.

음식을 안 남겨요

갈색하이에나와 줄무늬하이에나는 보통 썩은 고기를 먹고 살아요. 하지만 점박이하이에나의 먹이는 95퍼센트가 직접 사냥한 고기랍니다. 하이에나는 사냥하거나 썩은 고기를 먹을 때도 무리 지어 행동해요. 뼈까지 부수는 강력한 이빨 덕분에 동물 사체를 모조리 먹어 치울 수 있지요.

점박이하이에나

갈색하이에나와 줄무늬하이에나는 멸종 위기 등급에서 준위협 단계에 처해 있어요.

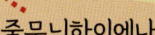
줄무늬하이에나

하하하!

점박이하이에나는 아프리카에서 제일 흔하게 볼 수 있는 커다란 육식 동물이에요. 기이한 웃음소리 때문에 종종 '웃는 하이에나'라고 불려요.

먹이를 걸러 먹는 상어들이 있어요

가장 큰 어류인 고래상어는 여과 섭식으로 플랑크톤을 먹어요.
여과 섭식에는 2가지 방법이 있지요.

돌묵상어

입 벌리고 헤엄치기

돌묵상어는 입을 벌리고 플랑크톤 무리 사이를 헤엄쳐요. 바닷물과 함께 플랑크톤이 입으로 들어가면 물은 아가미를 통해 빠져나가고 먹이는 목구멍 아래로 넘어가지요. 쥐가오리와 참고래도 이런 방식으로 먹이를 먹어요.

힘껏 빨아들이기

돌묵상어와 달리 고래상어와 넓은주둥이상어는 직접 물을 빨아들여요. 그런 다음 물을 아가미로 뿜어내 먹이만 걸러 먹지요. 혹등고래와 쇠고래도 같은 방법을 써요.

넓은주둥이상어

애벌레는 먹보예요

하루 종일 먹기만 하지요.

너무 많이 먹어서 몸이 자꾸 커지기 때문에 겉껍질을 여러 번 벗어야 해요!

우적우적

애벌레는 턱의 힘이 무척 세서 먹이를 우적우적 베어 먹을 수 있어요. 끊임없이 먹다 보니 애벌레의 몸집은 며칠 만에 2배가 되기도 한답니다.

황당한 먹이

대부분의 애벌레는 식물을 먹고 자라지만 입맛이 고급인 애벌레도 있어요. 거미줄옷좀나방의 애벌레는 실크나 울 같은 값비싼 옷감을 씹어 먹어서 옷을 망가뜨리지요.

뱀잡이수리는 독특하게 사냥해요

땅에서 먹잇감을 발로 밟아 죽이지요.

땅 위의 폭군

맹금류는 보통 공중에서 사냥해요. 하지만 뱀잡이수리는 대부분의 시간을 땅에서 보내며 큰 몸집과 근육질 다리를 이용해 뱀과 도마뱀을 발로 굴러 죽이거나 마비시켜 잡아요.

발톱과 부리로 식사해요

뱀잡이수리는 날카로운 발톱으로 먹잇감을 먹기 좋게 찢은 후 입속으로 던져 넣어요. 생쥐나 산토끼처럼 작은 먹잇감을 공격할 때는 발이 아니라 부리를 사용해요.

딱따구리는 구멍을 뚫어 만찬을 준비해요

딱따구리는 날카로운 부리로 나무 기둥을 쪼아요.

딱따구리는 초당 20번을 쫄 수 있어요.

도가머리딱따구리

붉은머리딱따구리

달콤한 수액을 핥아 먹기 좋은 긴 혀

먹이를 찾아서

딱따구리는 빳빳한 꼬리를 나무에 붙여 지지대로 삼은 후, 나무에 구멍을 뚫어 곤충이나 수액을 먹어요.

꽉 움켜쥐기

새는 보통 4개의 발가락 중 3개는 앞을, 나머지 1개를 뒤를 향해 나 있어요. 하지만 딱따구리의 발가락은 2개씩 앞뒤로 나 있어서 보통의 새들보다 나무를 더 단단히 붙잡을 수 있지요.

꽉 움켜쥐기에 좋은 발가락 구조

군함조는 고약한 포식자예요

다른 바닷새의 먹이를 가로채기 때문이에요.

하늘의 폭군

군함조는 수면 가까이로 내려가 먹이를 직접 낚아채기도 하지만, 종종 다른 새를 괴롭혀서 입에 문 먹이를 떨어뜨리게 해요. 그런 뒤, 빠른 속도로 내려가 먹이를 가로챈답니다.

군함조는 날고 있는 상태로 먹고 자며 2달 가까이 공중에서 지낼 수도 있어요.

날아오르는 물고기

날치는 군함조가 손쉽게 낚아채는 먹이 중 하나인데, 날치가 만새기 같은 바닷속 포식자를 피해 종종 물 밖으로 뛰어오르기 때문이에요.

마카크는 돌을 도구로 이용해요

긴꼬리원숭잇과에 속하는 마카크는 돌로 견과류와 조개를 부숴 먹어요.

바닷가 생활

동남아시아에 서식하는 게잡이마카크는 수영을 잘해요. 게, 가재, 굴을 찾아 물속을 헤엄치지요.

무엇이든 잘 먹어요

마카크는 잡식성 동물이에요. 식물성 먹이는 물론 고기와 물고기도 먹지요. 그중 과일을 가장 좋아하지만 해충, 사탕수수, 고구마, 그리고 농장에서 훔쳐 온 작물들도 마카크의 주식이랍니다.

큰 물고기 덕분에 살아가는 작은 물고기

청줄청소놀래기는 산호초 주변에서 큰 물고기와 거북 들을 청소하며 바쁘게 살아요.

청소 정거장

산호초 주변에 사는 동물들은 '청소 정거장'에 방문해서 청줄청소놀래기에게 세척을 받아요. 가끔 순서를 기다리며 줄을 서기도 하지요. 청줄청소놀래기가 다 닳은 비늘이나 점액 또는 기생충을 야금야금 먹어서 없애면 동물들은 말끔해진 모습으로 떠난답니다!

청소부 새우

공짜 먹이를 먹는 생물은 청줄청소놀래기만이 아니에요. 청소새우는 포식자의 입속까지 기어 들어가 청소해 주지요.

전기뱀장어는 사냥감을 감전시켜요

그것도 스스로 전기를 만들어 내서요!

전기장

전기뱀장어는 남아메리카의 강과 늪에 사는 민물고기예요.

칼고기

전기뱀장어는 장어와 비슷해 보이지만, 사실은 칼고기의 한 종류예요. 칼고기는 칼날처럼 길쭉하고 평평하게 생겼으며, 전기장을 만들 수 있지요. 먹잇감이 전기장 안에 들어오면 감지할 수 있기 때문에 먹잇감을 수월하게 찾아요.

전기 충격

전기뱀장어는 양 옆구리에 있는 신체 기관으로 몸 주위에 전기장을 만들어 내요. 이 전기장으로 860볼트의 전기를 쏘아 게나 가재 같은 사냥감을 기절시켜요.

미어캣은 간식으로 전갈을 먹어요

전갈의 독침을 무서워하지 않지요.

다양한 먹을거리

몽구스과에 속하는 미어캣은 주식이 곤충이지만 과일, 새알, 그리고 뱀과 전갈까지 다양한 먹이를 먹어요.

독침을 먼저 없애요

전갈의 꼬리 끝에는 치명적인 독침이 있어요. 미어캣은 전갈이 꼬리를 휘두를 틈을 주지 않고 전갈의 독침부터 재빨리 물어뜯은 후 유유히 전갈의 몸통을 먹어 치워요.

미어캣은 전갈의 독소에 어느 정도 면역력이 있어요. 하지만 데스스토커처럼 매우 강력한 독성을 지닌 전갈의 독침에 쏘인다면 살아남지 못할 거예요.

대머리독수리는 대머리라 편해요

먹잇감에 머리부터 밀어 넣고 보기 때문이지요.

유용한 대머리

썩은 고기를 먹고 사는 대머리독수리는 동물 사체 깊숙이 머리를 들이밀어 먹이를 뒤져요. 정수리에 깃털이 있었다면 머리가 쉽게 더러워지고 끈적끈적해졌을 거예요.

체온 조절

대머리독수리는 머리와 목에 깃털이 별로 없어서 체온 조절이 쉬워요.

✓ 날씨가 무더울 때는 목 피부를 쭉 늘여서 열을 날려 보내요.

✓ 날씨가 추울 때는 몸을 구부려 노출되는 피부를 줄여서 열을 유지해요.

별의별 먹이

200종 이상의 식물을 잎, 뿌리, 줄기 가리지 않고 먹는 검은코뿔소와 달리 흰코뿔소는 풀만 먹어요.

천산갑은 밤에 개미와 흰개미를 잡아먹어요. 이빨이 없기 때문에 미리 삼켜 위장에 넣어 둔 돌로 먹이를 갈아서 소화시키지요.

물총고기는 잎이나 가지에 앉은 곤충에 물을 쏘아 잡아먹어요.

물총고기

오리너구리는 음식물을 소화하는 위가 없어요. 그래서 입에 자갈을 담아 먹이를 잘게 부수어 먹는답니다.

카피바라

카피바라는 남아메리카의 강과 호수 근처에서 갈대, 곡식, 멜론, 호박 등을 갉아 먹으며 살아요.

오리너구리

암컷 등에의 뾰족한 입은
가축과 사람의 피를 빨아 먹기 좋아요.
수컷 등에는 꽃가루와 꿀만 먹고 살아요.

레드니타란툴라

꼽추등에는 타란툴라의 등에
알을 낳아요. 알을 깨고 나온
애벌레는 이 거미의 속부터 파먹지요.

인도몽구스는
뱀독에 면역력이
있어서 코브라를
잡아먹기도 해요.

먹지 않고 5년 이상을
버티는 심해 갑각류도 있어요.

호랑이는 보통 사슴,
멧돼지, 그리고
들소를 잡아먹어요.
어린 코끼리도 먹어
치울 수 있답니다.

피라냐는 피에 굶주린 식인 물고기가 아니에요

심지어 초식을 하는 피라냐도 있어요!

무시무시한 식탐

피라냐는 사나운 성질로 유명해요. 먹이가 부족해지면 물속에 섞인 단 한 방울의 피에도 떼로 몰려들거든요. 그럴 때면 칼날처럼 날카로운 이빨로 먹잇감의 살을 싹 발라 먹지요.

블랙피라냐는 경골어류 가운데 무는 힘이 제일 강해요.

잡식성 어류

피라냐는 평소에 식물, 곤충, 달팽이, 작은 물고기 등을 먹는데, 고기보다는 씨앗을 더 많이 먹어요. 잡아먹기 쉬운 먹잇감이 물에 빠지면 어김없이 달려들지만, 피라냐가 사람을 공격하는 경우는 드물어요.

모기는 위험한 동물이에요

모기가 옮기는 질병 때문에
매년 수백만 명의 사람이 죽어요.

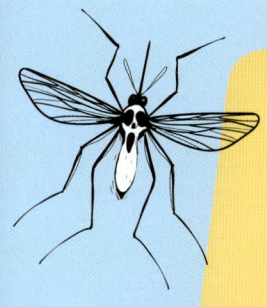

병균 배달원

모기는 기생충, 바이러스 또는 세균을 가지고 있을 수 있어요. 모기가 사람의 피를 빠는 동안 이 미생물들이 혈관으로 침투해 질병을 일으킨답니다.

반가운 소식

3,500종이 넘는 모기 가운데 단 2종만이 사람 피를 빨아 먹어요.

안타까운 소식

매년 50만 명에 달하는 사람들이 모기가 옮긴 말라리아로 목숨을 잃어요.

소등쪼기새는 귀지를 먹어요

그뿐만 아니라 더 특이한 것들도 먹지요.

기생충을 먹어요

소등쪼기새는 아프리카에 사는 기린, 영양, 들소, 코뿔소 같은 대형 초식 동물의 몸에서 진드기, 이, 구더기를 골라내 잡아먹어요.

흡혈 새

소등쪼기새는 진드기 같은 기생 동물을 잡아먹지만, 자신도 일종의 기생 동물이에요. 다른 동물의 귀지와 가죽을 먹을 뿐 아니라 상처를 쪼아 벌린 다음 피도 빨아 먹어요.

소등쪼기새는 붉은부리소등쪼기새와 노랑부리소등쪼기새, 이렇게 2종이 있어요.

소등쪼기새는 다른 동물의 털을 뽑아 자기 둥지를 만들기도 해요.

어떤 동물은 자기 배설물을 먹어요

굴토끼, 산토끼 그리고 몇몇 설치류는 자기 배설물을 먹어요.

토끼

자신의 배설물을 먹는 동물

굴토끼	산토끼
포켓고퍼	들쥐
기니피그	친칠라
레밍	캥거루쥐

2번 소화하기

이런 동물들이 주로 먹는 나무줄기와 풀은 소화가 잘 되지 않기 때문에 갓 나온 배설물을 먹어 배설물에 남아 있는 영양분을 최대한 많이 흡수하려 해요.

기니피그

레밍

유용한 똥

소똥구리

배설물을 특별히 잘 이용하는 곤충들이 있어요. 파리와 소똥구리는 배설물 안에 알을 낳기 때문에 애벌레는 이미 먹이가 충분한 환경에서 부화해요. 냠냠!

홍학은 태어날 때부터 분홍색이 아니에요

어릴 때는 화사한 분홍색이 아니라 회색을 띠지요.

천연 색소

홍학의 깃털 색깔은 먹이 때문에 바뀌어요. 홍학이 주로 먹는 게나 새우에는 '카로티노이드'라는 색소가 들어 있는데, 이 색소가 몸에 쌓일수록 홍학의 깃털이 붉어지지요.

카로티노이드는 당근, 고구마, 토마토, 그리고 녹색 채소에도 들어 있어요.

빛깔 좋은 물고기

카로티노이드는 야생 연어의 살도 붉게 만들어요. 비단잉어를 키우는 사람들은 종종 카로티노이드를 비단잉어에게 먹여 피부색을 더욱 붉게 만든답니다.

푸른발얼가니새는
푸른 발이 무척 멋져요

해산물이 푸른발얼가니새의 발을 파랗게 물들이지요.

건강의 척도

푸른발얼가니새는 정어리, 고등어, 날치를 주로 먹어요. 이 먹이에 있는 카로티노이드는 푸른발얼가니새의 발을 파랗게 만들지요. 푸른발얼가니새는 건강할수록 발이 파랗기 때문에 허약해지면 카로티노이드를 섭취해 면역력을 높여야 해요.

현란한 춤

수컷 푸른발얼가니새는 암컷을 유혹할 때 발을 뽐내며 춤춰요. 암컷은 발 색깔이 짙은 수컷을 고른답니다.

새끼 푸른발얼가니새의 발은 하얀색이에요.

아구티는 브라질너트도 깨부숴요

설치류는 대개 이빨이 무척 센데,
그중에서도 아구티가 최고이지요.

열대 우림에 사는 아구티는 브라질너트를 먹이로 삼는 유일한 동물이에요. 아구티의 날카로운 이빨은 단단한 에나멜질로 덮여 있어서 브라질너트 껍질도 깨부술 수 있어요.

영양가 높은 마카다미아

오스트레일리아가 원산지인 마카다미아는 단백질이 풍부한 견과류예요. 쥐는 마카다미아 나무에 올라가 단단한 껍질에 구멍을 내고 씨앗만 쏙 빼 먹어요.

금강앵무는 남아메리카의 마카다미아 농장을 습격하기도 해요. 금강앵무의 부리는 견과류 껍질을 부술 정도로 강하답니다.

236

오랑우탄은 과일을 좋아해요

냄새가 고약한 두리안도 무척 잘 먹지요.

이상한 과일

두리안은 다른 과일들처럼 달콤한 향이 나지 않아요. 방귀 냄새와 발 냄새를 섞어 놓은 쿰쿰한 냄새가 나지요. 하지만 오랑우탄, 코끼리, 호랑이는 두리안을 무척 좋아해요.

오랑우탄의 식단

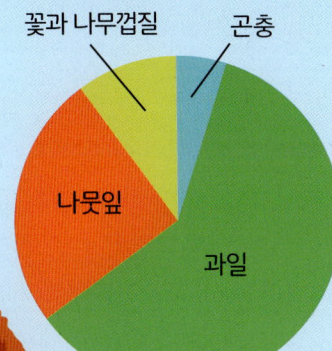

꽃과 나무껍질, 곤충, 나뭇잎, 과일

과일을 너무 많이 먹으면 설사를 해요. 오랑우탄은 진흙을 먹어 설사를 막지요.

잭프루트

람부탄

두리안

북방청서는 메이플 시럽을 마셔요

설치류답게 귀여운 이빨로 나무 수액을 빼내지요.

겨울 식량

북방청서는 겨울을 나기 위해 견과류와 잣송이를 미리 저장해 놓아요. 만약 저장한 음식이 조금밖에 남지 않으면 사탕단풍나무에서 달콤한 수액, 그러니까 메이플 시럽을 거둬들이지요.

수액을 받는 기술

우리는 병에 담긴 메이플 시럽을 팬케이크나 아이스크림 위에 뿌려 먹지만, 북방청서는 나무에서 수액을 곧장 받아 먹어요. 나무껍질 결을 따라 나무에 야금야금 상처를 내면 이 틈으로 수액이 빠져나오는데, 대부분이 그대로 흘러가 버리지만 끈적한 설탕 성분은 남아 있어서 핥아 먹을 수 있어요.

붓꼬리나무두더지는 알코올을 마셔요

밤마다 와인 2병 정도의 알코올을 마시지요.

붓꼬리나무두더지

발효된 꿀

붓꼬리나무두더지는 야자나무의 꽃꿀만 먹고 살아요. 이 꿀은 야자나무 꽃봉오리에 자라는 효모 때문에 알코올로 발효돼 있지요.

알코올 강자와 알코올 약자

붓꼬리나무두더지는 절대로 취하지 않아요. 알코올이 혈관에 침투하기 전에 몸속에서 처리하거든요. 하지만 황여새는 발효된 로완베리를 많이 먹은 날에는 똑바로 날지 못한답니다!

황여새

침팬지는 다양한 도구를 사용해요

나뭇가지를 낚싯대처럼 쓰기도 하지요.

맞춤형 도구

침팬지는 나뭇가지를 이빨 사이에 이리저리 쑤셔서 나뭇가지 끝을 붓털처럼 만들어요. 해진 나뭇가지를 곤충들이 모여 있는 곳에 넣었다 빼면 곤충들이 많이 딸려 나온답니다.

잡았다!

흰개미는 침팬지의 손에 닿지 않을 만큼 깊숙한 곳에 있어요. 침팬지는 잎사귀를 떼어 낸 나뭇가지로 개미집을 찌른 뒤 나뭇가지를 따라 기어오른 흰개미를 날름 핥아 먹지요.

침팬지는 사촌인 마카크와 꼬리감는원숭이처럼 돌을 이용하기도 해요.

어떤 사마귀는 꽃처럼 보여요

난초사마귀는 사냥감을 속이기 위해 꽃을 흉내 내요.

곤충계의 무법자

사마귀는 다른 곤충들을 잡아먹는 포식자예요. 주로 움직이지 않고 가만히 있다가 갑자기 사냥감을 덮치지요.

사마귀에게 가장 중요한 사냥 무기는 앞다리예요. 두 앞다리를 가지런히 모으고 있을 때면 마치 기도하고 있는 것 같답니다.

꼭꼭 숨어라!

사마귀는 보통 초록색이라 나뭇잎 틈에 있으면 눈에 잘 띄지 않아요. 흰색, 분홍색, 노란색을 띤 사마귀들은 꽃 사이에 잘 섞여 들지요.

난초사마귀

방어용 위장술

나뭇잎해룡은 하늘거리는 지느러미를 이용해 해초로 위장해요.

피그미해마는 워낙 조그마한 데다가 분홍색 산호초에 숨으면 잘 보이지 않아요.

나뭇잎해룡

초록색 또는 갈색인 대벌레는 몸이 얇아 나뭇가지처럼 보여요.

극지방 동물은 대부분 흰색이에요. 툰드라에 사는 흰올빼미는 흰 깃털 덕분에 여우와 늑대의 눈에 잘 띄지 않아요.

잎꼬리도마뱀붙이는 잎사귀처럼 보여요.

흰올빼미

암컷 오리는 보통 깃털 색이 칙칙해요. 그 덕에 포식자는 암컷 오리와 오리의 둥지를 쉽게 알아보지 못해요.

가자미는 바다 바닥에 달라붙어 모래나 자갈로 위장해요.

이끼개구리의 우툴두툴한 초록색 피부는 정말 이끼처럼 보여요.

꿩의 깃털은 땅, 흙, 또는 잎과 잘 어우러져요.

가자미

겨울 철새인 알락해오라기는 하늘을 보고 서 있는 모습이 갈대 같아요.

잎개구리는 낙엽 속에서 거의 눈에 띄지 않아요. 시든 잎과 닮았기 때문이지요.

꿩

잎개구리

개미핥기는 혀가 길어요

그뿐만 아니라 무척 잘 늘어나지요.

독특한 생김새

개미핥기는 길고 좁은 주둥이 때문에 입을 열지 않아도 남다르게 생겼어요. 하지만 제일 신기한 부분은 개미를 핥아 먹는 기다란 혀이지요.

날름날름

큰개미핥기는 몸길이가 약 1.8미터예요. 좁다랗고 가시로 덮인 혀는 60센티미터나 되지요. 큰개미핥기는 개미에게 물리지 않기 위해 개미구멍에 혀를 넣고 재빠르게 날름대는데, 그 횟수가 1분에 150번에 달해요.

개미핥기는 이빨이 없어요.

일본원숭이는 먹이를 씻어 먹어요

주로 바닷물이나 강물에 먹이를 헹구지요.

온천 여행

일본원숭이의 서식지인 일본 북부 지방은 겨우내 눈으로 덮여 있어요. 이때 일본원숭이는 온천에 들어가 추위를 녹여요.

음식 문화

1952년, 코지마섬에서 영장류를 연구하던 학자들은 해안가에 흙이 잔뜩 묻은 고구마를 던져두었어요. 그런데 똑똑한 암컷 일본원숭이 하나가 고구마를 바닷물에 씻어 먹었지요. 얼마 후, 다른 일본원숭이들도 이 행동을 따라 하기 시작했고, 음식을 씻어 먹는 행동이 무리 사이로 퍼졌답니다.

일본원숭이는 인간을 제외하면 영장류 가운데 가장 추운 곳에서 살아가고 있어요.

판다는 편식쟁이예요

곰은 이것저것 잘 먹지만 판다는 그렇지 않아요.

부실한 식단

판다는 먹이의 99퍼센트가 대나무예요. 대나무는 영양가가 낮은 음식이기 때문에 판다는 매일 14킬로그램가량 대나무를 먹어 영양분을 채우지요.

멸종 위기

판다의 서식지인 대나무 숲이 계속 파괴되면서 야생 판다는 1,800마리밖에 남지 않았어요.

판다는 사람의 엄지와 비슷한 가짜 발가락이 있어요. 이 발가락으로 대나무 줄기에서 싹이나 잎을 발라내지요.

오랫동안 굶을 수 있는 동물도 있어요

악어는 먹지 않고 1년을 버틸 수 있어요.

악어는 공룡보다 1,000만 년 빨리 나타났어요.

뛰어난 생존력

악어는 지구에서 2억 4,000만 년을 살아오며 온갖 힘든 시기를 지나왔어요. 그 결과 몇 달씩 아무것도 먹지 않고도 생존할 수 있게 되었는데, 필요하다면 1년을 버틸 수도 있어요.

아메리카악어

나일악어

에너지 절약

악어는 에너지를 최대한 아껴요. 거의 움직이지 않고, 스스로 체온을 조절하지도 않지요.

희한한 먹이

눈물을 먹는 나방과 벌은 다른 동물의 눈을 찔러서 눈물을 흘리게 만들어요.

호랑이도롱뇽은 서로 잡아먹기도 해요.

호랑이도롱뇽

흡혈오징어는 깊은 바다에 떠다니는 유기물이나 동물의 사체를 먹고 살아요.

도둑갈매기는 다른 갈매기가 토할 때까지 공격한 후 그 갈매기의 토사물을 먹는답니다.

도둑갈매기

흡혈되새는 얼가니새의 피를 빨아 먹는 버릇 때문에 무시무시한 이름이 붙었어요.

오마토코이타는 그린란드상어의
눈을 먹고 사는 기생충이에요.

새끼 뱀상어는 자궁 안에서 자라는 동안
다른 새끼들을 잡아먹어요.

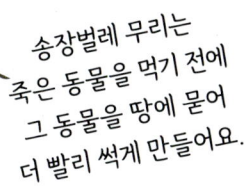

송장벌레 무리는
죽은 동물을 먹기 전에
그 동물을 땅에 묻어
더 빨리 썩게 만들어요.

소는 영양소를 잘 흡수하기 위해
한 번 삼켰던 식물을 게워 내고
다시 씹어 먹어요.

왕풍뎅이는 흙 속에 알을 낳아요.
왕풍뎅이의 유충은 식물 뿌리를
먹고 자라지요.

딱정벌레가 집을 파먹을 수도 있어요

집이나 옷을 갉아 먹는 벌레를 해충이라고 하지요.

나무좀

가루나무좀, 사번충, 집하늘소 같은 나무좀은 골칫덩이들이에요. 이 벌레들의 유충은 수년 동안 바닥과 대들보, 가구 속을 갉아 먹으며 지내거든요.

가루나무좀

수시렁이

맛있는 천 조각

해충은 주로 옷과 카펫을 먹어요. 옷좀나방과 수시렁이는 실크, 모피, 면, 울을 갉아 먹는답니다.

옷좀나방

사번충은 짝짓기 상대의 관심을 끌기 위해 나무를 가볍게 두드려요. 오래전에 사람들은 이 기괴한 소리가 죽음이 다가오는 소리라고 말하곤 했어요.

바구미는 구멍을 잘 내요

식물에 구멍을 뚫을 수 있는 긴 주둥이를 가지고 있지요.

한 가지 먹이에만 집중해요

대부분의 바구미는 한 종류의 식물만 먹어요. 도토리바구미는 도토리를 파먹고, 밤바구미는 밤을 파먹어요. 목화바구미는 목화 봉우리와 꽃을 먹고, 곡물바구미는 곡물을 먹으며, 붉은야자나무바구미는 코코넛과 대추야자를 먹는답니다.

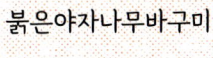

붉은야자나무바구미

동남아시아 일부 지역에서는 붉은야자나무바구미 유충을 특별 요리로 먹어요.

기린바구미

끝내주는 목

기린바구미는 주둥이는 특별히 길지 않지만 목은 상당히 길답니다! 수컷 기린바구미들은 서로 목으로 싸워요.

점액으로 포식자를 쫓아내요

끈적끈적한 점액은 스스로를 지키는 방어 수단 가운데 하나예요.

먹장어

먹장어의 점액

끈끈이 공격

먹장어는 훌륭한 전략가예요. 어떤 물고기가 자기를 먹으려 하면 먹장어는 점액을 흘려서 포식자의 아가미를 꽉 막아 버려요. 포식자는 캑캑거리며 줄행랑을 치지요.

초강력 풀

양서류는 점액으로 항상 피부를 촉촉하게 유지해요. 미주도롱뇽은 찐득거리는 점액으로 피부를 덮을 뿐 아니라 포식자가 발을 움직이지 못하게 단단히 붙여 놓을 수 있지요.

아르마딜로

천산갑

위험해지면 몸을 말아요

몸을 둥글게 말아 스스로를 지키는 거예요.

천산갑의 단단한 비늘은 호랑이의 이빨로도 뚫을 수 없어요.

둥글게 둥글게

아르마딜로와 천산갑은 몸을 보호하는 방법이 같아요. 두 동물 모두 포식자가 다가오면 몸을 둥글게 말아 단단한 비늘로 덮인 등딱지만 드러내지요.

삼엽충

공 모양 수비수

몸을 공 모양으로 방어한 최초의 동물은 수백만 년 전에 바다에 살았던 삼엽충이에요. 현재 삼엽충과 제일 가까운 종인 쥐며느리도 똑같은 방어술을 쓴답니다.

사자는 가족끼리 생활해요

유일하게 무리 생활을 하는 고양잇과 동물이지요.

무리의 구성원

사자 무리는 몇몇 수사자를 중심으로 3~10마리의 암사자와 새끼들로 이루어져요. 주로 암사자들이 한 조가 되어 사냥을 해 오면 먹이를 함께 나누어 먹어요.

수사자는 태어난 지 3년이 되면 무리를 떠나요.

줄어드는 야생 사자

오늘날 야생 사자는 사하라 사막 이남의 아프리카와 인도에만 남아 있어요. 선사 시대에는 유럽을 비롯해 북아메리카와 남아메리카 곳곳에 퍼져 살았지요.

고니는 평생을 짝과 함께해요

많은 새들이 고니처럼 일생 동안 한 상대 곁에 머물러요.

사랑 고백

고니는 태어난 지 3~4년이 되면 짝짓기 상대를 골라요. 짝이 맺어지면 혹고니는 서로를 바라보며 긴 목을 구부려 하트 모양을 만들고, 울음고니는 트럼펫 소리를 내지요.

훌륭한 부모

고니 1쌍은 죽을 때까지 약 20년을 함께 지내며 매해 새끼를 낳아 키우는데, 해가 갈수록 태어난 새끼들의 생존율이 높아진답니다.

평생 연인

멧비둘기

모란앵무

코뿔새

검은대머리수리

흰머리수리

검은과부거미는 짝짓기 상대를 잡아먹어요

검은과부거미

암컷이 수컷을 잡아먹는 습성 때문에 검은과부거미라는 이름이 지어졌지요.

영양 공급

야속하게 들리겠지만 암컷 검은과부거미에게 수컷은 영양가 높은 단백질 음식이에요. 암컷은 영양을 충분히 섭취해야 건강하게 알을 낳을 수 있어요.

붉은배과부거미는 검은과부거미와 가까운 친척이에요.

붉은배과부거미

살려 주세요!

수컷 거미는 짝짓기가 끝난 후 잡아먹히지 않기 위해 줄행랑을 치기도 해요. 수컷 무당거미는 암컷에게 미리 먹이를 선물로 주고 짝짓기하거나 짝짓기 후에 죽은 척하기도 하지요.

코뿔새는 감옥 생활을 해요

코뿔새는 새끼들이 둥지를 떠날 수 있을 만큼 자라면 둥지 입구를 부수고 나와요.

암컷 코뿔새는 둥지에 갇혀 지내며 새끼를 기르지요.

큰코뿔새

갇혔어요!

코뿔새는 나무 구멍 안에 둥지를 틀고 새끼를 키워요. 이때 암컷은 둥지 안에서 조그마한 틈만 남겨 두고 입구를 메꾸는데, 수컷이 입구를 메울 재료와 먹이를 나르지요. 암컷과 새끼들은 둥지 밖으로 나가지 못하지만 동시에 포식자도 둥지 안으로 들어올 수 없어요.

구멍을 메우는 재료
- ✓ 진흙
- ✓ 배설물
- ✓ 나무껍질

수컷 심해아귀는 매우 작아요

심해아귀는 광활하고 깊은 바닷속에 살아요.
짝짓기 상대를 찾기 힘든 곳이지요.

우리는 한 몸

암컷보다 몸집이 훨씬 작은 수컷 심해아귀는 암컷을 만나면 이빨로 꽉 물어 달라붙어요. 수컷은 점차 암컷의 몸에 흡수되다가 눈과 신체 기관이 사라지면서 기생 어류가 된답니다.

암컷 심해아귀는 머리에 빛이 나는 기다란 촉수가 나 있어요. 이것을 미끼 삼아 사냥감을 유인해요.

주거니 받거니

암컷 심해아귀 1마리에는 6마리 이상의 수컷이 달라붙기도 해요. 암컷 심해아귀의 몸은 수컷 심해아귀들의 버팀목이자 먹이가 되지요. 그 보상으로 수컷은 암컷의 알에 수정을 해요.

코끼리물범은 수컷이 암컷보다 2배 더 커요

수컷 남방코끼리물범은 무게가 최대 4톤까지 나가요.

추위에 강한 물범

남극해 주변에 사는 남방코끼리물범은 커다란 몸집 덕분에 추운 바다에서 체온을 따뜻하게 유지할 수 있어요. 수컷은 암컷보다 몸길이가 2배나 긴 데다 몸무게도 5배나 더 나간답니다!

소란스러운 수컷

코끼리물범은 가장 크고 강한 수컷만이 짝짓기를 할 수 있어요. 대개 몸집이 큰 수컷이 소리도 크게 낼 수 있기 때문에 수컷 코끼리물범은 주먹코를 부풀려 우렁찬 소리를 내지르며 싸워요.

수컷

암컷

코끼리물범은 2시간 이상 물속에 머물 수 있어요.

수컷들의 힘겨루기

수컷 사슴벌레는 뿔처럼 보이는 큰턱으로 싸워요.

방울뱀은 몸싸움을 해서 누가 암컷과 짝짓기를 할지 결정해요.

토피영양은 짝짓기 상대를 두고 암컷들이 경쟁해요.

양과 염소는 박치기 대결로 어떤 수컷이 제일인지 가려내요.

큰뿔야생양

수컷 우는토끼들은 직접 싸우지 않고 서로 쫓아다니며 괴롭혀요. 우는토끼는 산에 사는 포유류로, 굴토끼, 산토끼와 가까운 종이에요.

장수풍뎅이는 마치 코뿔소처럼 뿔을 이용해 다른 수컷들과 싸워요.

홍관조

물총새부터 홍관조까지, 수많은 수컷 새들이 암컷의 관심을 끌기 위해 영역 다툼을 해요.

수컷 말코손바닥사슴은 너비가 2미터가량 되는 거대한 뿔을 맞대고 싸워요.

수컷 고릴라는 주로 거친 숨소리와 가슴을 두드리는 행동으로 누가 더 강한지 가려내요. 싸움은 한쪽이 죽음에 이를 때까지 이어져요.

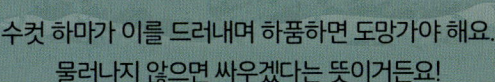

수컷 하마가 이를 드러내며 하품하면 도망가야 해요.
물러나지 않으면 싸우겠다는 뜻이거든요!

수컷 얼룩말은 목으로 싸워요

싸움은 한쪽이 전속력으로 달아날 때까지 격렬하게 계속되지요.

얼룩말과 야생말은 상대가 죽을 때까지 싸우지는 않아요. 대결에서 진 얼룩말은 패배를 인정하고 물러난답니다.

얼룩말의 전투

1 서로 경계하며 맴돌다가 다리를 보호하기 위해 무릎을 굽혀요.

2 무릎을 굽힌 채 이리저리 움직이며 물어뜯기를 시도해요.

3 목을 부딪치며 힘겨루기를 해요.

4 허둥지둥 일어나 뒷발차기를 날려요.

캥거루는 킥복싱 선수예요

팔로 일정한 거리를 유지한 뒤 발로 싸우지요.

캥거루의 발차기

수컷 캥거루는 짝짓기가 준비된 암컷 캥거루를 알아볼 수 있어요. 수컷들은 그 암컷을 차지하기 위해 강력한 발차기로 경쟁 상대를 물리친답니다.

아기 주머니

암컷 캥거루는 짝짓기한 지 1달이 되면 새끼를 낳아요. 갓 태어난 땅콩 크기의 새끼는 어미의 주머니 안에서 8개월가량 성장하지요.

갓 태어난 캥거루와 어린 캥거루가 한 주머니에서 함께 지내기도 해요. 어미 캥거루는 두 새끼 캥거루에게 각기 다른 젖을 물린답니다.

해마는 아빠가 새끼를 낳아요

수컷이 임신하고 출산까지 하는 동물은 해마가 유일해요.

임신 주머니

수컷 해마는 몸에 주머니가 달려 있어요. 암컷이 이 안에 난자를 낳으면 수컷은 난자를 수정시키지요. 수컷은 수정란을 가지고 다니면서 산소와 영양분을 공급한답니다.

험난한 어린 시절

몸집이 작은 해마는 한 번에 50~150마리의 새끼를 낳아요. 좀 더 큰 해마는 2,000마리까지 새끼를 낳지요. 하지만 1,000마리당 5마리만 살아남아 어린 시절을 보내요. 해마는 수영에 서투르지만 꼬리로 해초를 붙잡을 수 있어서 물결에 휩쓸려 가지 않아요.

황제펭귄은 아빠가 알을 지켜요

암컷 황제펭귄이 1개의 알을 낳아 수컷에게 건네면 수컷은 몇 달씩 알을 따뜻하게 품지요.

오들오들
황제펭귄은 꽁꽁 얼 만큼 추운 남극에 살아요. 기온이 섭씨 영하 60도까지 떨어지는 곳이에요.

체온 나누기
수컷 황제펭귄은 온기를 유지하기 위해 옹기종기 모여 지내요. 소중한 알은 얼음에 닿지 않도록 두 발 위에 올려 두고 배로 감싸지요.

밥을 실컷 먹어요
알을 낳은 암컷 황제펭귄은 8주 동안 바닷속에서 크릴새우, 물고기, 오징어 등으로 배를 채우다가 새끼 펭귄이 부화하기 직전에 돌아가요. 어느 정도 소화된 먹이를 토해 내서 새끼 펭귄에게 먹이지요.

거거는 5억 개의 알을 낳아요

길이가 135센티미터도 넘어 대왕조개라고 불리지요.

한 무더기의 알

거거의 몸은 산호초에 붙어 있어서 짝짓기 상대를 찾으러 돌아다니지 못해요. 그 대신 한 무더기의 난자와 정자를 물속으로 뿜어내지요.

거거는 100년 넘게 살 수도 있어요.

자웅동체의 수정

난자와 정자를 모두 만드는 동물을 '자웅동체'라고 해요. 거거처럼 자웅동체인 동물의 난자는 다른 개체가 만들어 낸 정자를 만나 수정된답니다.

약 6만 5,000종의 동물이 자웅동체예요.

오리너구리는 단공류예요

알을 낳는 포유류를 '단공류'라고 불러요.

땅속 둥지

암컷 오리너구리는 하천 근처에 굴을 파 놓고 살아요. 7~10월이 되면 포도알 모양의 알을 2개 낳지요.

어미의 젖

알에서 막 깨어난 새끼 오리너구리는 털이 없고 한없이 연약해요. 어미는 젖을 먹여 새끼를 기르는데, 특이하게도 젖꼭지가 없어서 젖이 피부에서 방울방울 스며 나와요.

알을 낳는 또 다른 포유류는 가시두더지예요.

알의 모든 것

바다제비의 알은 부모가 먹이를 찾아 멀리 나가 있는 동안 알래스카의 추위를 견디며 살아남아요.

흰올빼미의 알은 북극 지방의 자외선을 막아 주는 두꺼운 껍데기로 싸여 있어요.

뿔괭이상어는 나사 모양의 알을 나사 조이듯 돌려 암석 틈에 고정시켜요. 알을 보호하기 위해서이지요.

바다제비

몇몇 상어와 가오리의 새끼는 새알처럼 '난각'에 싸여서 태어나요. 난각은 새끼를 보호하는 단단한 막 또는 껍데기예요.

난쟁이벌새의 알은 길이가 1센티미터도 안 돼요.

가오리의 난각

타조는 한 번에 6~8개의 알을 낳아요. 또한 제일 큰 알을 낳는데, 기록으로 남은 가장 큰 알은 무게가 2.6킬로그램이었답니다.

타조 알

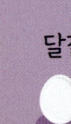

달걀

후투티는 끈적하고 고약한 냄새가 나는 갈색 점액으로 알을 감싸요. 이 점액에는 알이 감염되지 않게 보호하는 유익한 세균이 들어 있지요.

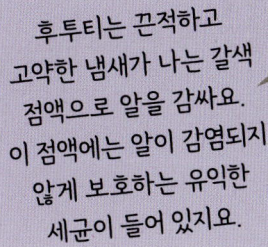

후투티

수컷 산파개구리는 알이 부화하기 직전까지 알을 등에 업고 다녀요.

시클리드는 알이 부화할 때까지 1달가량 알을 입에 머금고 다녀요.

새끼 고래상어는 어미 몸속의 난각 안에서 자라는데, 난각의 너비는 60센티미터가 넘어요.

윌리스날개구리는 뒷다리로 수면에 거품을 일으킨 뒤 그 속에 알을 낳아요. 올챙이는 이 거품 둥지에서 부화하자마자 물속으로 가라앉지요.

윌리스날개구리

뱀이 모두 알을 낳지는 않아요

바로 새끼를 낳는 뱀도 있지요.

보아뱀

난태생

서늘한 기후에 사는 뱀은 대개 '난태생'으로 태어나요. 어미 몸속의 알에서 자란 뒤 알을 깨고 어미의 몸 밖으로 나오는 거예요. 방울뱀과 살모사가 이렇게 태어나는데, 알에 있는 난황이 새끼에게 영양을 공급해 주지요.

뱀 가운데 3분의 2 이상이 알을 낳아요.

노랑아나콘다

태생

보아뱀, 아나콘다, 그리고 수많은 바다뱀류는 알이 아니라 새끼를 낳아요. 새끼 뱀들은 어미 배 속에서 태반을 통해 영양을 섭취하지요. 보아뱀은 한 번에 15~50마리의 새끼를 품고 있답니다!

아기 거북은 살기 위해 달려요

알에서 갓 태어난 바다거북은 포식자를 피해 바닷가로 힘껏 질주해요.

거북의 알은 동그랗고 부드러우며 가죽 같은 껍질로 싸여 있어요.

거북 알

바다거북은 알을 낳을 때가 되면 밤에 자기가 태어났던 해변으로 올라와 모래를 얕게 파고 80~120개의 알을 낳아요. 그 위를 모래로 덮은 후 다시 바다로 돌아가지요.

위험천만한 길

2달 후, 알을 깨고 나온 새끼 거북은 모래를 걷어 내고 땅 위로 나와요. 앞다투어 바다로 가는 도중에 몇몇은 게와 새에게 잡아먹히거나 뜨거운 햇볕에 말라 죽기도 해요.

토끼는 번식력이 뛰어나요

토끼는 보통 12년밖에 살지 못하지만
새끼를 아주 많이 낳는답니다.

준비된 엄마

토끼는 3개월이면 다 자라요.
짝짓기를 하고 1달만 지나면
5~12마리의 새끼를 낳지요.

암컷 토끼는 봄,
여름, 가을에 계속
임신 중이랍니다.
겨울이 되어서야
쉬어요.

바쁜 엄마

토끼는 태어난 후 3주 동안 젖만 먹어요.
풀도 야금야금 먹을 정도로 크면,
어미 토끼는 새로 태어난 토끼들에게
젖을 먹이지요.

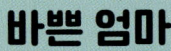

아홉띠아르마딜로는 일란성 네쌍둥이를 낳아요

아홉띠아르마딜로는 인간을 제외하고 일란성 쌍둥이를 낳는 유일한 포유류예요.

나뉘어진 수정란

아홉띠아르마딜로는 1개의 수정란이 4개로 쪼개져 태어나기 때문에 똑같은 유전자를 지닌 4마리의 새끼가 태어나요.

아홉띠아르마딜로는 깜짝 놀라면 공중으로 120센티미터나 뛰어오를 수도 있답니다!

어미와 함께하는 시간

새끼 아홉띠아르마딜로는 봄에 태어나 1년가량 엄마와 굴속에서 지내요. 아홉띠아르마딜로는 평생에 걸쳐 최대 56마리의 새끼를 낳지요.

코알라의 이유식은 엄마의 똥이에요

젖먹이 코알라는 엄마의 똥을 먹고 나면 유칼립투스 잎도 먹을 수 있게 돼요.

유칼립투스 잎에는 독이 있어서 동물들에게 위험한 먹이예요. 하지만 코알라는 간에서 이 독을 해독할 수 있어요.

주머니 생활

갓 태어난 코알라는 캥거루처럼 어미의 주머니에서 젖을 먹고 자라요. 태어난 지 약 6개월이 되면 코알라는 젖뿐만 아니라 어미의 똥을 먹기 시작하지요.

묽은 똥

보통 코알라의 똥은 딱딱하게 말라 있는데, 새끼 코알라가 먹는 똥은 묽어요. 어미 코알라는 자신의 배설물로 유칼립투스 잎을 소화하는 데 필요한 미생물을 새끼에게 전달한답니다.

어미 악어는 헌신적이에요

많은 파충류가 알을 낳고 떠나지만, 악어는 알을 애지중지 키워요.

성별을 바꾸는 온도

악어는 초목 더미 안에 알을 낳은 후 그 위에 오줌을 누어 알을 따뜻하게 보살펴요. 둥지의 온도가 섭씨 32.5~33.5도라면 수컷이 태어나고, 온도가 이보다 낮거나 높다면 암컷이 태어나요.

세상으로 나온 악어

알을 깨고 나올 준비가 된 새끼 악어는 알 속에서 울음소리를 내요. 그러면 어미가 다가와서 둥지 더미를 치워 줍니다. 어미는 이빨이 가지런히 난 입으로 알에서 나온 새끼들을 물어 물가로 옮겨요!

악어는 대개 1년에 한 번 알을 낳아요.

새끼 판다는 검은색과 하얀색이 아니에요

갓 태어난 새끼 판다는 분홍색이에요.

서서히 바뀌는 털

갓 태어난 판다는 분홍빛 피부가 비쳐 보일 정도로 가느다란 털로 뒤덮여 있어요. 태어난 지 약 일주일이 지나면 눈과 귀, 그리고 어깨 주변에 검은색 털이 자라지요.

조그마한 아기 동물

코알라와 캥거루처럼 아기 주머니를 가진 포유류를 제외하면, 어미 판다는 제 몸집에 비해 제일 작은 새끼를 낳아요. 갓 태어난 판다는 몸무게가 고작 100~200그램이랍니다.

검은 점박이 무늬를 띤 개 달마티안(달마시안)은 새끼일 때는 순백색이에요.

아기 개복치는 별 모양 옷을 입고 있어요

개복치는 새끼일 때도 희한하게 생겼어요!

물방울 모양 물고기

개복치는 몸무게가 최대 1,000킬로그램까지 나가는 가장 무거운 경골어류로, 거대한 물방울처럼 생겼어요. 많은 시간을 수면 위에서 햇볕을 쬐며 살아가지요.

개복치는 한 번에 최대 3억 개의 알을 낳아요. 척추동물 가운데 가장 많은 양이에요.

변화무쌍한 모습

개복치의 알은 완두콩만 한 유생으로 부화하는데, 유생은 별 사탕 모양의 투명한 막을 지니고 있어요. 조금 더 자라면 복어처럼 가시를 갖게 된답니다.

새끼 테이퍼는 다 자란 테이퍼와 전혀 다르게 보여요

새끼는 화려한 줄무늬와 점박이 무늬가 있어요.

귀여운 위장술

어린 테이퍼는 털 무늬 덕분에 숲에 내리쬐는 햇볕 사이로 몸을 숨기기가 쉬워요. 태어난 지 약 6개월이 지나면 이 무늬들은 사라져요.

테이퍼는 발굽은 말 같고, 주둥이는 멧돼지 같아요.

다 자란 모습

다 자라 성체가 된 남아메리카테이퍼는 온몸이 짙은 갈색이에요. 반면 테이퍼 종 가운데 가장 몸집이 큰 말레이언테이퍼는 몸통 중간에 하얀 안장처럼 보이는 털이 나 있지요.

어떤 동물은 자라면서 색이 변해요

에즈라십자개구리는 다 자라면 몰라보게 달라져요.

복숭앗빛 몸

에즈라십자개구리는 파푸아 뉴기니에 분포해요. 새끼 때는 검은색 몸통에 노란색 점박이 무늬가 있어서 마치 독화살개구리처럼 생겼어요. 하지만 다 자라면 이런 경고색은 사라지고 깨끗한 복숭아색이 된답니다!

초록빛 몸

주로 나무에서 사냥하는 초록나무비단뱀은 나뭇잎과 비슷해서 눈에 띄지 않아요. 하지만 어릴 때는 밝은 노란색 또는 빨간색을 띠기 때문에 꽃들 사이에 숨어 작은 도마뱀과 곤충을 잡아먹는답니다.

사다새는 턱에 주머니가 있어요

펠리컨으로도 불리는 사다새는 부리 아래에
달린 주머니에 물고기를 담아 새끼에게 먹여요.

부드러운 먹이

많은 새들이 먹은 음식물을 토해 내 새끼에게 먹여요.
새끼가 먹기 편하도록 어느 정도 소화가 된 음식물이지요.
새끼 사다새는 어미처럼 물고기를 먹어요.

제일 시끄럽게
우는 새끼 새가
먹이를 가장 많이
받아먹어요.

밥 주세요!

새끼 새들은 입을 쩍 벌리고
요란한 울음소리를 내며
어미 새에게 먹이를 달라고
졸라 대요.

어미를 먹고 자라나요

갓 태어난 거미가 처음 먹는 음식은 대개 어미 거미예요.

살신성인

사막에 사는 벨벳거미는 먹이를 게워 새끼에게 먹인 뒤 자신의 몸까지 녹여 먹이로 줘요. 게거미도 먹이를 찾기 힘든 겨울이 오면 새끼에게 자기 몸을 먹이지요.

새끼 혹집게벌레는 먹을거리가 줄어들면 어미 혹집게벌레를 먹어 치워요.

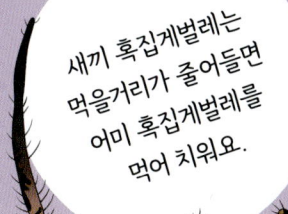

피부 벗기기

'무족 영원류'는 지렁이처럼 다리와 발 없이 땅속에 사는 양서류예요. 새끼 무족 영원류는 종종 어미의 피부를 벗겨 먹기도 하는데, 다행히 어미의 피부는 다시 자란답니다!

게거미

물범의 젖은 끈적끈적해요

하프물범의 젖은 암소의 젖보다 지방질이 12배 더 풍부해요.

빠른 성장

하프물범은 얼음으로 덮인 북극에서 태어나요. 어미가 영양가 높은 젖을 먹인 덕분에 새끼들은 빠른 속도로 자라나지요. 태어난 지 3주가 되면 하프물범은 스스로 바다에서 먹이를 잡아먹을 정도로 강해진답니다.

조류의 '젖'

비둘기, 홍학, 황제펭귄은 새끼에게 젖과 비슷한 액체를 먹여요. 목에 있는 모이주머니에서 나오는 이 액체는 지방질이 풍부하답니다.

새끼 딸기독화살개구리는 알을 먹어요

그 알은 무정란, 그러니까 수정이 되지 않은 알이지요.

새끼 키우기

1. 수컷 딸기독화살개구리는 알이 부화할 때까지 알을 보호해요.

2. 암컷 딸기독화살개구리는 부화한 올챙이를 등에 업어 각각 다른 식물에 옮겨 놓아요.

3. 암컷 딸기독화살개구리가 6주 동안 무정란을 낳아 올챙이들에게 먹이로 챙겨 줘요.

딸기독화살개구리의 올챙이는 육식 동물이에요. 서로 잡아먹지 않도록 올챙이들을 서로 다른 웅덩이에서 키우지요.

슈퍼 푸드

딸기독화살개구리의 무정란에는 올챙이가 자라는 데 필요한 단백질과 영양분 뿐만 아니라 포식자를 물리칠 수 있는 맹독이 들어 있어요.

신기한 새끼 동물들

한 번에 가장 많이 태어난 새끼 고양이의 수는 19마리였어요. 이 고양이들은 버미즈와 샴고양이의 교배 종이었답니다.

벌거숭이두더지쥐는 한 번에 최대 28마리의 새끼를 낳아요.

호랑이는 한 번에 3~4마리의 새끼를 낳아요. 그보다 더 많이 낳을 경우 몇몇은 살아남지 못할 수도 있어요.

새끼 키위는 어미 무게의 반이나 되는 알을 깨고 나와요.

키위

혹멧돼지는 엄니를 가지고 태어나요.

하마는 물속에서 태어나는데, 태어나자마자 수면 위로 헤엄쳐 올라와 숨을 쉬어요.

흰긴수염고래는 새끼 동물 중에서도 가장 커요. 태어날 때부터 몸무게가 약 2.7톤이랍니다!

마다가스카르고슴도치붙이는 한 번에 새끼 15마리를 낳아요.

새끼 코끼리는 길게는 4년 동안 어미 젖을 먹어요.

새끼 가시두더지는 털도 가시도 없어요.

새도 연기를 해요

포식자로부터 새끼를 지키기 위해 날개가 부러진 척을 하지요.

수준급 연기

물떼새는 땅 위에 둥지를 틀어요. 어미 물떼새는 새끼들을 지키기 위해 맨땅에서 무슨 일이든 하지요. 포식자가 가까이 오면 어미 새는 다리를 절름거리며 날개를 축 늘어뜨리고 둥지를 떠나요. 포식자의 눈길을 자기에게 돌려 새끼 새들을 보호하는 거예요.

물떼새

도요

다친 척하는 새들

도요

물떼새

도둑갈매기

흰올빼미

땅에 둥지를 트는 몇몇 새들은 유인용 둥지에 앉아 있어요. 멀지 않은 곳에 진짜 둥지가 있답니다.

어미 치타는 항상 이사 중이에요

며칠에 한 번씩 새끼들을 옮기는 방식으로 보호하지요.

나 홀로 집에

치타는 새끼들을 혼자서 키우는데, 새끼들에게 젖을 주려면 잘 먹어야 하기 때문에 새끼들을 두고 사냥을 나가야 해요. 사자와 하이에나는 그 틈을 타 새끼 치타를 먹이로 노려요.

새끼 치타 중 5퍼센트만이 살아남아요.

물어서 옮겨요

치타는 새끼들이 발각되지 않도록 은신처를 자주 바꿔요. 새끼들의 목덜미를 한입 가득 물고서 하나씩 옮기지요.

전갈은 새끼들을 등에 올리고 다녀요

그리고 꼬리 끝의 독침으로 새끼들을 지키지요.

세상에 나온 전갈

전갈은 한 번에 최대 100마리의 새끼를 낳아요. 새끼 전갈은 태어나자마자 어미의 등 위로 기어올라 자리를 잡아요.

전갈의 무기는 집게와 독침이에요.

안전한 등

어미 전갈은 약 2~3주 동안 갓 태어난 전갈들을 데리고 다녀요. 새끼 전갈들은 부드러웠던 겉껍질이 딱딱해지면 어미의 등에서 내려와 제힘으로 살아간답니다.

논병아리는 새끼를 업어 키워요

풀 줄기나 뿌리로 물 위에 둥지를 짓지만 어미의 등이 더 안전하지요.

어부바

알을 막 깨고 나온 논병아리는 어미 등에 올라타 연못이나 호수 주변을 움직여요. 아빠 논병아리는 그 옆에서 헤엄치다가 물고기를 잡아서 새끼들에게 먹이지요. 새끼 논병아리는 줄무늬가 있어서 웬만해서는 눈에 잘 띄지 않아요.

붉은 반점

새끼 논병아리의 머리에는 털이 나지 않은 반점이 있어요. 새끼 논병아리가 먹이를 받아 먹는 동안에 이 반점은 빨개졌다가 먹이를 다 먹고 나면 흐려져요. 붉은 반점으로 '밥 주세요!'라고 조르는 셈이지요.

새끼 오리와 거위는 아무나 따라다녀요

알을 깨고 나온 뒤 처음 본 대상을
어미라고 생각하기 때문이에요.

엄마! 어디 가?

오리와 거위는 부화하자마자 뒤뚱뒤뚱 걷고
헤엄칠 수 있어서 바로 어미를 따라다니지요.

생존 본능

새끼 오리와 새끼 거위는
안전하게 지내기 위해 본능적으로
어미를 따라다니려고 해요.
만약 곁에 어미가 없다면
다른 동물이나 사람을
따라다녀요.

부화한 지 며칠이
지나면 오리와 거위는
더 이상 아무나 따라다니지
않는답니다. 제 몸집보다
큰 대상을 보면 두려움을
느끼기 때문이에요.

손 인형으로 새끼를 돌보아요

두루미 보호 시설에서
새끼 두루미를 키우는 방식이에요.

멸종 위기

두루미는 습지에 사는 새예요.
그중 시베리아흰두루미와
아메리카흰두루미는 멸종 위기에
처해 있지요. 새끼 두루미는
보호 시설에서 길러질 때 생존 확률이
더 올라가요. 훗날 야생 무리와 어울릴
수 있도록 훈련이 필요하지만요!

1941년에 야생
아메리카흰두루미는
고작 21마리밖에
남아 있지 않았어요.
오늘날에는 약 800마리
정도 살아 있답니다.

손 인형의 효과

두루미 사육사들은 두루미 모양의
손 인형을 끼고 새끼에게 먹이를
먹여요. 새끼 두루미들이
자연스럽게 인간보다는 두루미를
믿고 따르기를 바라기 때문이에요.

사향소는 힘을 합쳐 새끼를 보호해요

사향소는 몸집이 크고, 덥수룩한 털과 끝이 구부러진 뿔이 난 동물이에요.

다 큰 사향소는 어깨높이가 1.5미터쯤 돼요.

툰드라에서 살아남기

툰드라에 사는 사향소는 추운 기후뿐만 아니라 새끼를 노리는 포식자와도 맞서야 해요. 사향소는 무리를 지어 위기를 극복하지요.

철벽 방어

사향소는 포식자를 만나면 무리에서 제일 어리거나 나이가 많은 개체들 주변을 빙 둘러싸요. 그리고 뿔을 바깥쪽으로 내민 채 포식자에 맞서지요.

누는 태어난 지 5분 만에 뛰어다녀요

태어나면서부터 포식자를 피해 뛸 준비가 되어 있지요.

계속 움직여요

누는 아프리카 초원에 무리 지어 사는 몸집이 큰 영양이에요. 신선한 풀을 뜯어 먹기 위해서 끊임없이 이동하지요. 새끼들은 태어난 지 몇 분 내로 발을 디디고 일어서요. 무리를 따라가지 못하는 새끼 누는 낙오되고 만답니다.

초원의 포식자

점박이하이에나

치타

사자

표범

악어

새끼 누의 20~50퍼센트가 포식자에게 잡아먹혀요. 누 무리가 클수록 새끼들의 생존율이 높아지지요.

새끼 사자들은 놀아야 해요

포유동물은 놀이를 통해 많은 것을 배우지요.

준비 게임

새끼 사자는 펄쩍펄쩍 뛰고, 살금살금 돌아다니고, 몸싸움을 벌이며 힘을 기르고 사냥 기술을 배워요. 단지 재미로만 그러는 것이 아니랍니다.

놀이와 훈련

놀이는 새끼 사자들의 두뇌를 훈련시켜서 정신 발달에 도움을 줘요. 놀이를 통해 서로 교감을 나누면서 사자 무리의 일원으로 살아가는 데 필요한 사회성도 배운답니다.

사자는 한 번에 2~3마리의 새끼를 낳아요.

새끼들은 부모에게 배워요

동물은 어느 정도의 생존 기술을 가지고 태어나지만 자라면서 더 많은 기술을 배우지요.

타마린은 대개 쌍둥이를 낳아요. 부모 타마린 모두가 새끼 타마린들을 가르치지요.

타마린 선생님

황금사자타마린은 굼벵이가 잔뜩 있는 나무를 찾으면 혼자 먹거나 새끼를 위해 모아 두지 않아요. 대신 울음소리를 내서 새끼를 부르지요. 먹이 찾는 방법을 알려 주기 위해서랍니다.

타고난 지식

동물들은 새끼에게 위험한 대상이 어떤 모습인지, 어떤 냄새를 풍기는지 일일이 가르치지 않아요. 대개는 태어날 때부터 알고 있기 때문이에요. 또한 숨거나 싸우거나 도망가야 할 때도 본능적으로 알아요.

수명과 노년기

인간과 마찬가지로 야생 포유류도 나이가 들수록 이빨이 약해지고 관절이 시큰해져요.

여왕 흰개미는 30~50년 정도 살며, 평생 약 2억 개의 알을 낳아요.

금강앵무

여왕 흰개미

코끼리거북의 평균 수명은 180~200년에 달해요.

금강앵무는 65년 넘게도 살아요.

위즈덤, 앨버트로스

1956년에 발견된 '위즈덤'이라는 이름의 앨버트로스는 세계에서 나이가 가장 많은 야생 새로 알려져 있어요.

비단잉어

아름다운 자태로 유명한 비단잉어는 평균 수명이 30~40년이에요. 그런데 '하나코'라는 비단잉어는 226년을 살았다고 기록되어 있지요.

심해 분출공 주위에서 자라는 갈라파고스민고삐수염벌레는 약 250년을 살아요.

로아사상충이라 불리는 기생충은 사람의 눈에서 15년을 살기도 해요.

백상아리는 약 70년 동안 바다를 헤엄친답니다.

대부분의 곤충은 1년 이상 살지 못하지만 나무에 구멍을 내는 몇몇 딱정벌레는 50년을 살아요.

나비는 걸쭉한 액체에서 태어나요

알, 애벌레, 번데기로 변하는 과정을 지나 성충이 되지요.

애벌레에서 번데기로

나비 애벌레는 성장하면서 허물을 여러 차례 벗어요. 번데기가 될 시기가 찾아오면 입에서 실을 뽑아 잎이나 나뭇가지에 몸을 고정하지요. 피부 밑면이 점점 딱딱해지면서 단단한 껍질을 가진 번데기가 돼요.

나비의 한살이

성충 / 알 / 유충(애벌레) / 번데기

번데기에서 성충으로

애벌레의 몸은 번데기 껍질 안에서 수프처럼 녹아요. 그 끈적끈적한 액체 속에서 날개나 더듬이가 생기면서 성충으로 탈바꿈하지요.

나비는 대개 성충이 된 후 며칠밖에 못 살아요.

아홀로틀은 어릴 때와 똑같이 생겼어요

대부분의 양서류는 자라면서 다리가 생기고 아가미가 사라져 다른 모습을 띠어요. 하지만 아홀로틀은 그대로예요.

사라지지 않는 아가미

아홀로틀은 멕시코의 고유종인 도롱뇽이에요. 모든 도롱뇽이 그렇듯이 아홀로틀도 물속에서 태어나요. 하지만 다른 도롱뇽들은 성체가 되면 아가미가 사라지고 땅 위에서 폐로 호흡하는 반면 아홀로틀의 아가미는 사라지지 않아요.

호수 생활

아홀로틀은 곤충의 유충이나 지렁이 또는 작은 물고기를 먹어요. 깃털처럼 생긴 아가미와 꼬리지느러미를 움직이면서 호수에서 지내지요.

대부분의 아홀로틀은 갈색이나 검은색 반점이 있지만, 몇몇은 흰색이나 분홍색 반점을 띠어요.

어른이 된 하루살이는 얼마 살지 못해요

하루살이는 유충으로 몇 년을 살지만 성충으로 사는 시기는 며칠뿐이에요.

물속 생활

하루살이 유충은 길게는 3년 동안 물속에서 식물을 먹고 살다가 낡은 외골격을 벗어 버리고 물 밖으로 나가요.

하루살이는 2,000종이 넘어요.

계속되는 삶

성체가 된 하루살이는 짝짓기를 한 다음 곧 죽어요. 암컷 하루살이는 짝짓기를 하자마자 물속에 알부터 떨구는데, 이 알이 깨어나는 데는 보통 1달이 걸려요.

하루살이 유충

어떤 해파리는 영원히 살아요

작은보호탑해파리는 다시 어려지거든요.

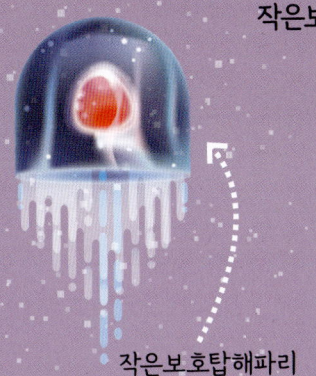

작은보호탑해파리

해파리의 한살이

해파리는 주로 수정란, 플라눌라, 폴립, 에피라, 메두사, 이렇게 5단계의 한살이를 거쳐요. 메두사가 정자와 난자를 내보내 수정이 이루어지고, 각각의 수정란은 다시 한살이를 시작해요.

거꾸로 도는 생체 시계

작은보호탑해파리는 다치거나 늙으면 세포를 폴립 단계로 되돌려 다시 어려져요. 이렇게 계속 어린 시절로 돌아가 영원히 살 수 있지요!

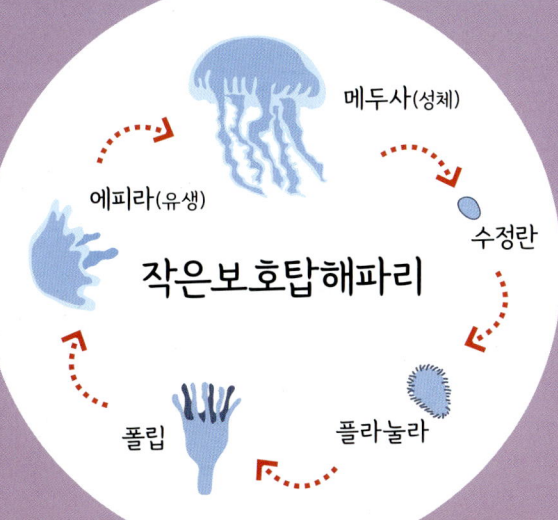

작은보호탑해파리
메두사(성체) / 수정란 / 플라눌라 / 폴립 / 에피라(유생)

용어 설명

- **감각모**
  주로 포유동물의 몸에 붙어 외부의 자극을 민감하게 받아들이는 감각 세포가 있는 털이에요.

- **겹눈**
  홑눈이 벌집 모양으로 여러 개 모인 눈으로, 여러 방향에 있는 물체를 동시에 보고 구별할 수 있어요.

- **경고색**
  경계색이라고도 해요. 동물이 자기를 공격하려는 다른 동물에게 겁을 주기 위해 내는 몸의 색깔이나 무늬예요.

- **과시 행동**
  동물이 다른 개체에게 자신의 우월함을 알리거나 구애할 때 보이는 행동이에요.

- **난태생**
  수정란이 모체의 밖으로 나와 산란되지 않고 모체 안에서 부화하여 나오는 것을 말해요.

- **먹이 사슬**
  생물계에서 먹이를 중심으로 서로 먹고 먹히는 관계를 말해요.

- **성체**
  다 자란 동물 개체를 가리켜요. 어른이라는 뜻이지요.

- **세력권**
  동물 개체나 무리가 자신의 영역이라고 여겨 다른 개체나 무리의 침입을 막는 구역을 말해요. 텃세권이라고도 해요.

- **소금샘**
  몸속의 과다한 염분을 배출하는 기관으로, 바다에 사는 조류, 파충류, 연골어류의 눈이나 콧구멍 주위에 있어요. 짙은 소금기가 녹아 있는 물을 분비해요.

- **쏘기 세포**
  속이 빈 주머니에 단단한 캡슐이 있는 형태로, 먹이나 천적의 몸에 가시를 쏘거나 독을 넣는 기관이에요.

- **외골격**
  일부 무척추동물의 몸을 덮고 있는 단단한 피부 부속물이에요.

- **자웅 동체**
  암컷과 수컷의 생식기를 한 몸에 가지고 있는 생물체를 가리켜요.

- **제트 추진**
  기체나 액체를 내뿜는 힘으로 앞으로 나아가는 방식이에요.

- **지느러미발**
  고래나 물개류에서 볼 수 있는 지느러미 모양으로 된 다리예요. 평평하여 헤엄치기에 알맞게 되어 있지요.

알아두면 쓸모 있는 초등학생을 위한 과학 사전
아는 만큼 보이는 동물 500

처음 찍은 날 | 2023년 8월 10일
처음 펴낸 날 | 2023년 8월 25일

글쓴이 | 클레어 히버트
옮긴이 | 오지현

펴낸이 | 김태진
펴낸곳 | 다섯수레
기획편집 | 김경희, 김시완, 김미희, 서해나, 유슬기
디자인 | 김다윤
마케팅 | 이운섭
제작관리 | 김남희

등록번호 | 제3-213호   등록일자 | 1988년 10월 13일
주소 | 서울특별시 마포구 동교로15길 6 (우 04003)
전화 | (02) 3142-6611
팩스 | (02) 3142-6615
인쇄·제본 | ㈜로얄 프로세스, ㈜상지사 P&B

ⓒ 다섯수레, 2023

ISBN 978-89-7478-470-6 74400
ISBN 978-89-7478-468-3 (세트)